湛庐CHEERS

与最聪明的人共同进化

HERE COMES EVERYBODY

◀我的祖父和外祖父各自拥有一项小事业，他们销售的商品有固定的配送路线。

►我两岁时的照片，精彩的人生正要展开！

◀与慈爱的父母、可爱的妹妹伯尼斯的合影。

►我很自豪自己能在陆军航空队服役。

◄第二次世界大战时，虽然杰和我的服役地点相距甚远，但退伍返乡时，我们的友谊却更加深厚。我们决心在充满活力与胜利气氛的美国做一些有意义的事。

▲杰和我当时都不会驾驶飞机，但这并不妨碍我们创办狼獾空中服务公司。

▲杰和我创办的狼獾空中服务公司刚成立时，当地的机场尚未正式开放，因此我们给飞机装配上浮筒，就像图中所示的这样。我们让学生把附近格兰德河的河道当作起降跑道。

▲杰和我在狼獾空中服务公司简陋的办公室中穿着一样的飞行夹克，我们深感自豪。

▲杰和我出海驶向古巴，在长达13米的“伊丽莎白号”上留影。尽管我们戴着水手帽，但我们对航海其实所知甚少。

▲杰与贝蒂（左一与左二）、我与海伦（右一与右二）以及巴斯夫妇在参加一次纽崔莱会议时的合影。巴斯夫妇后来成为安利的第一批经销商。

▲在安利成立后的几个月里，我一直忙于四处演讲。

▲图中所示的是我父亲将钥匙交给货车司机的场景，从这一刻起，我们拥有了运送自家产品的专车与固定路线。

◀ 多年来，安利受到了许多全国性媒体的关注，但我们的早期宣传其实是从地方电视台开始的，比如图中这个节目。

► 杰和我在密歇根州大急流城中心的市民礼堂举办了第一次大型的安利营销人员大会。

◀ 安利成立几年之后，人们总是把我的形象和安利的红白蓝标志联系在一起。

▲杰和我在密歇根州埃达城的第一幢安利综合大楼里合影。

▲在安利事业初期，杰和我时常在营销人员会议上共享一张讲桌进行演讲。

▲杰和我秉持着自主创业精神，我们最初将新落成的安利全球总部称为“自由企业中心”。

◀ 杰和我建立加工厂，生产我们的第一个产品 L.O.C.。我常常走进工厂和员工聊天、检视新产品，并且一直乐此不疲。

▲ 在创业早期，比起安利的发展速度，我们更重视对家用新产品的研发。

► 杰和我兴奋地为安利综合大楼的新楼剪彩。

▲杰和我骄傲地站在位于密歇根州埃达城的安利全球总部前合影。

▲我们很荣幸地邀请到后来成为美国总统的杰拉尔德·福特，为位于密歇根州大急流城的安利格兰华都大酒店剪彩。

◀我经常到现场观看奥兰多魔术队的比赛。魔术队成立于1989年，图中所示的是我在赛事开始之前和当年在第一轮选拔中入选的尼克·安德森聊天的场景。

►在20世纪80年代早期，越来越多的人想要抓住机会建立自己的事业，安利大会现场总是挤满观众。

▲我是里根总统忠实的支持者和崇拜者，对于能和他及其夫人同台，我感到非常兴奋。

▲能和里根总统及其夫人见面，我和家人备感荣幸。

◀在密歇根州大急流城的安利年度大会上，我的演讲成了压轴节目。

►在一生中，我面对上千个团体发表过演讲，其中也包括 2004 年的这场在东京巨蛋体育馆举行的安利营销人员大会，当时有 4 万多人参加大会。

▲ 在很多照片中我都站在讲台后方，但熟悉我演讲风格的人都知道，其实我更喜欢走出讲台，在舞台上边走边讲。

▲我们买下第一艘船“追风号”后，海伦适应了在船上的生活。她喜欢待在船上，而不是下水玩。我们许多最美好的家庭回忆，都是在出海游玩时留下的。

Life and Lessons from the Cofounder of Amway: A Memoir

安利创始人
理查·狄维士自传

丰盛人生
SIMPLY RICH

[美]理查·狄维士 著　　　萧美惠 译
Rich Devos

浙江人民出版社
ZHEJIANG PEOPLE'S PUBLISHING HOUSE

SIMPLY RICH

Life and Lessons from the Cofounder of Amway: A Memoir

引言

从“幕后”看到的人生

我这辈子大多数时间都是啦啦队长。高中时，我带领过啦啦队，后来更承担起鼓励所有人把握机会、实现梦想的责任。为了鼓励人们，我去过几乎每一个国家，一路上遇到过数十万人。我想将这本书献给世界各地数百万的安利营销人员，遍布全球的数万名安利员工，奥兰多魔术队（Orlando Magic）的成员与球迷，我的家乡密歇根州大急流城（Grand Rapids）以及现居地佛罗里达州中部的企业、政府和社区领袖，教会教友，宗教、政治和教育活动领袖，在人生中与我有过交集的其他人，以及我继续环球旅行时将会遇见的人们。我希望他们都能喜欢我的人生旅程以及沿途体会到的心得，并能从中受益。

本书并不是记录我人生点点滴滴的正统自传。

不过，这本书比我之前的书，包括《相信》(*Believe!*)、《心底的希望》(*Hope from My Heart*)和《积极人生的十种力量》(*Ten Powerful Phrases for Positive People*)写得更为详细和深入，而且更加完整地讲述了塑造我一生、令我记忆最为深刻并教导了我重要人生课程的经历。希望你们会喜欢从“幕后”看到我人生中一些事件的感觉，各位或许都曾参与其中。如果大家能够从中得到一些启发，进而对人生有所助益，我也会十分高兴。

我先前的著作大多记录着我对毅力、信仰、家庭、自由和奋发向上等价值观的想法。我在本书里也会谈到这些价值观，但回首过去 88 年的人生，我相信其中一个原则远比其他重要。**达到最高成就的人们，不论是成家、立业，或是实现自我价值、达成人生所愿，都重视他人甚过重视自己。我能够成功，依靠的都是对他人的帮助**。我的朋友和事业合作伙伴杰·温安洛（Jay Van Andel）和我都认为，这正是我们一同创办的安利事业的核心。如果我在本书讲述的人生故事只能给各位一个心得，我希望是：把每个人视为拥有个人才华和特别目标的独特个体。这不仅是我成功的关键，也是我人生圆满喜乐的关键。

SIMPLY RICH

Life and Lessons
from the Cofounder
of Amway:
A Memoir

目录

1958年夏天，我们在沙勒沃伊举办活动，向与会者宣布了创业计划。随后，我们和出席这次活动的一些高层人士组成了美国之路协会，讨论新公司的架构。这个美国之路协会的名字有些拗口，于是我们将公司名称缩写为“安利”。

营销人员带他们的客户到“安利展示车”上参观安利的产品，介绍制造的流程并进行示范。这辆展示车或许对我们的业务提升没有太多帮助，但它向代表一家默默无闻的公司在外单打独斗的营销人员证明，背后确实有股力量在支持他们。

续 7 年销售增长的成绩。2013 年，安利分别在美国、中国、印度和越南兴建了新工厂。回顾过往，我想用一个词来说明我的感受：感谢。

人生成功的基础：价值观和好友
永远支持安利
鼓励所有人完成梦想
“你做得到！”

SIMPLY RICH

Life and Lessons from the Cofounder of Amway: A Memoir

| 第一部分 |

传奇，从平凡起步

SIMPLY RICH

LIFE AND LESSONS FROM THE COFOUNDER OF AMWAY: A MEMOIR

从荷裔社区走出的小货郎

我的外祖父是位老式的货郎，他每次卖剩下的青菜都会由我拿去再次售卖。这需要销售技巧和毅力，可我乐此不疲。我从卖青菜中获得的经验和心得，让我在幼小时便奠定根基，最终成长为一名勤奋的工作者，有责任感、注意细节，并懂得取悦客人。

外祖父的销售本领，在我眼中犹如魔法一般。我不知道自己是不是天生的推销员，但我从小便对外祖父和附近的小贩感到着迷。在那个艰难的年代，他们的生计全维系于自己销售的本事。

外祖父会让我坐上他的福特 T 型车，哐啷作响地开过我家邻近的街道，车上载满了他一大清早从农民那里买来的新鲜蔬菜、水果，我们开着车挨家挨户兜售。外祖父很受欢迎，家庭主妇一听到他的汽车喇叭声，便会暂停烹饪和打扫，用围裙或抹布擦干手，走出屋子。除了他新鲜好看的蔬果之外，她们同样喜欢他的幽默、随和以及闲话家常的轻松氛围。

正是在这条路上，外祖父给了我完成第一笔销售的机会。虽然我只赚到了几分钱，但那股难以忘怀的成就感，决定了那是我成长过程中的一个关键时刻。

我不能否认我的出身，我在“大萧条”年代成长于密歇根州大急流城，是一个平凡的中西部小镇上的孩子。若从金钱和拥有物质的角度来看，我们几乎是一无所有，但是，我记忆中的童年却是充满丰富体验的快乐时光。那时的生活充满友善氛围，舒适又怡人。甚至连那种困难年代必需的辛苦工作和牺牲都让我受益匪浅，使我变得更加坚强，教会了我重要的人生课程。我很幸运能够成长在合适的氛围之中。

我的家和朋友们的家、大街和游乐场、教室和一排排教堂长凳、我的父母和祖父母、老师和牧师，所有这一切奠定了我的基础。从送报纸开始，我学习着该如何经营自己的“事业”。从外祖父登门兜售蔬果的过程中，我体会到了第一笔销售收入带来的成就感。在高中担任高年级学生代表时，我撰写并发表了我的第一次演讲。我的基督教信仰启蒙源自家庭的奉献和主日学[①]播下的种子。恩爱的父母让我得以相信恒久的关系与成功的合作。父亲的持续鼓励使我自信、乐观，同时，在一位睿智、体贴的老师的仁慈指导下，我开始思考自己能否成为一位领导者。

1926 年 3 月 4 日，我出生在大急流城，当时的大急流城是个毫不起眼的城市。因为城内有数不清的家具制造公司，大急流城也被称为“家具城”（Furniture City）。我记得小时候见过一张明信片，上面写着：“欢迎来到大急流城，世界家具之都。”流经大急流城的格兰德河（Grand River）两岸林立着家具工厂，烟囱上写着每家公司的名称：威帝康（Widdicomb）、帝国（Imperial）、美国座垫（American Seating）、贝克（Baker）等等。那时候，电车叮叮当当地开过蒙洛大道和富顿街等市区主要街道，马路上还是 T 型车的天下，火车则依然会驶过河上的大桥。沿着富顿街由城区往东几千米，你就会来到我住的地方：宁静的林荫大道两旁竖立着双层带 3 间卧室的住房，零星散布着传统的杂货店，林木蓊郁的阿奎纳斯学院（Aquinas College）近在咫尺，还有许多可供玩耍的公园。

和大急流城的大多数人一样，我们一家也是荷兰后裔。在我家附近，现在仍可以听到浓重的荷兰口音：第一代移民依然会提及留在“锄国”（原文为 olt country，指祖国）的家人；还会把英文字母“j”念成“y”，把“s”念成“z”。这些荷兰人最早移民到密歇根州霍兰市（Holland），然后到附近的较大城市，如大急流城寻找机会，他们胼手胝足，节俭务实，笃信新教。他们来

① 基督教教会于星期日早上在教堂等场所进行的宗教教育。——编者注

到美国的主要原因不是出于经济考虑，而是希望可以自由地实现梦想。在一些至今仍留存的荷兰移民写给老家的信件中，移民们吹嘘着他们在美国享受的自由，而那是当时的荷兰人无法想象的。在荷兰，如果你出生时是面包师的儿子，那么你很可能一辈子都要当面包师。

阿尔伯塔斯·范拉尔德（Albertus Van Raalte）牧师在 18 世纪中叶成立了霍兰市，当地居民至今仍会庆祝他们的荷兰传统，在一年一度的郁金香节时穿上传统服饰和木鞋。范拉尔德牧师在一封写给荷兰同胞的信里提到，到大急流城找工作的荷兰人大多缺乏技能，也没有受过良好教育。幸好，多数男人可以学着成为家具工厂的熟练工匠，而年轻妇女则可以到富裕家庭帮佣。可是，还有许多荷兰人展现了另一项荷兰特质：创业精神。美国三家大型宗教出版公司都是由大急流城的荷兰后裔所创办的。荷兰人在大急流城设立了归正福音教会（Christian Reformed Church）的总部，并创办了加尔文宗学院（Calvin College）。赫克曼饼干公司（The Hekman Biscuit Company）是在大急流城创立的，后来成为奇宝公司（Keebler Company）。你或许听说过美国中西部的一个名叫梅杰（Meiyer）的连锁超市，以及我们的国际直销公司安利（Amway），这两家公司都是由荷裔美国人在大急流城创立的。因此，我非常感激自己的荷兰血统：热爱自由，踏实工作，拥有创业精神和坚定信仰。

我出生在“咆哮的 20 年代”（Roaring Twenties），但是对当时美国急速进步直至无比繁荣的动荡年代已没有印象。我的童年记忆属于那个被称为“大萧条”的 30 年代。在我 10 岁时，富兰克林·罗斯福总统获得连任，他在就职演说里提醒美国人：仍有 1/3 的同胞没有住好、穿好、吃好。当时有 1/4 的美国人失业，大部分家庭都仰赖一个人挣钱。我的父亲也失业了，丢掉了电工的饭碗，有 3 年时间都靠打零工维持一家人生计。我们没能保住他亲手建造的房屋，我在那里度过了几年美好的童年时光。

我的第一个家在海伦街上，我是在家里出生的，当时的大多数家庭都负担不起到医院生产的费用。我的第二个家在瓦林伍德大道上，我记得那时给地板打蜡是件令人高兴的差事，因为我们对用实木地板而不是普通地板感到很骄傲。楼上有3间卧室，唯一的浴室在楼下，当时，附近的房子都是这种格局。

我的父亲西蒙失业后，我们和母亲埃塞尔、妹妹伯尼斯只好全家搬回海伦街祖父家楼上的房间，我记得我睡在阁楼梁下。父亲把瓦林伍德街的房子出租，一个月租金25美元。尽管父母对于搬家感到很难过，但我记得我把睡在阁楼当成一种有趣的冒险，而且，能跟祖父母共度更多时光也是珍贵的记忆。我当时并没有意识到，那种体验给了我一种信念，并让我在日后功成名就、能为家人提供相当舒适的生活时更具感恩之心。

在“大萧条”最艰难的5年中，我们都住在那里。我们很穷，但多数邻居比我们更穷。当时，邻居在自家的一间卧室里摆了一张理发椅，我们并不觉得在邻居家里理发有什么奇怪的。那时候，10美分都算一笔大数目。我记得有一个少年在我家门口兜售杂志，哭着说要是他没有全部卖掉的话就不能回家。父亲诚恳地告诉他，我们家里没有10美分。不过，对我这个孩子来说，那些日子并不坏。在我们那个关系紧密的社区里，我很有安全感。我们住在一个荷裔美国人社区中，因此，我还有一种归属感。我在城东一个名为“砖厂”（the Brickyard）的社区内长大，那儿的3座砖厂就盖在一片黏土山丘的边上。工厂雇用这些勤奋的荷兰新移民，虽然他们大多还不会说英语，却在“砖厂”找到了欢迎他们的、有亲切感的社区。

我们的社区紧密联结，不仅是因为我们都有荷兰血统，许多大家庭住在一起，更因为房屋外观的相似性。房子又高又窄，多为两层楼，在小小的空地上一户挨着一户，只隔着窄小的车道。狭窄巷弄里的房屋鳞次栉比，大家甚至不必踏出家门就可以向邻居借东西，他们只需把身体探出去，就可以从窗口递东西。

除了祖父母，我的表亲也住在附近。我记得家人们经常围着餐桌讨论事情，而我们这些孩子则在后院里玩耍。如今，很少有祖父母和他们的子女、孙儿住在一起的了，但我对祖辈的爱和智慧充满了温馨的回忆。虽然当时生活艰辛，可我的回忆里爱多过忧虑。我相信家庭是对我们影响最大的一股力量。后来，我成为 4 个孩子的父亲，当我回溯自己在家里的成长和父母的影响时，我感到责任巨大。成年以后，当你终于了解到创造一个适宜孩子成长的家庭环境需要多少努力时，再看待那些儿时觉得自然轻松的事就有了一个全然不同的角度。

在电视、计算机和电子游戏等令人分心的现代产品得以发明之前，我们必须自己想办法找乐子。我记得最快乐的活动之一就是为妹妹和玩伴们想一些游戏来玩。我的小妹珍仍然记得我很会做牛奶软糖，还可以做出许多不同口味。我甚至发明了一套绳索装置，能将软糖从家里的厨房窗口送到邻居家的窗口。

我喜欢运动，却没有什么资源，为了运动，我还得花心思。我自己做了个篮球架；冬天时我在一块空地上浇水，做出一个结冰的池塘用来溜冰；我教妹妹在地下室旧煤炉旁边的墙上打球，乒乓球在混凝土地板和砖墙上弹跳发出的回音还隐约可闻。珍还记得我那讨厌的左手旋球。我还保有与表亲在街上打棒球的温馨回忆。在不景气的年头，马路上没什么汽车。我们的球被打得破烂不堪，甚至必须用纱布包起来，在里面塞满破布，因为在那个贫苦年代，我们筹不出买一个新球的钱。在街上打球难免会砸破邻居的窗户，我们可能打破过一两次。我确实记得曾有一个怒气冲冲的女人挥舞着一把切肉刀从家里冲出来，大声让我们滚出她的草坪。我们当时一定玩得太过火了。

一天中最美好的时光就是听广播节目，比如《青蜂侠》（*The Green Hornet*）和《独行侠》（*The Lone Ranger*）。星期天的午后，我们一家人会一边玩拼图一边收听电台的一个神秘节目。完成一幅拼图后，我们就去跟亲戚交换。我记得自己曾拎着5盒拼图走了两条街，到一个亲戚家去换新拼图。我的祖父母家里有一张牌桌，上面总是摆着正在拼的拼图。屋里的人路过这张桌子时会停下来，拼一片上去，直到拼好全幅拼图。我也读书，可是由于新书太贵、数量又不多，所以家里书架上有什么我就读什么。书架上通常都是旧书，所以我读的都是《汤姆·索亚历险记》和其他一些经典文学作品。我最喜欢的事还是每个星期六得到一分零花钱，我大多会拿去买糖果吃。

回想我的童年生活，我真心认为，它从许多方面来看对我都颇为有益，环境迫使我动脑筋找乐子，并在这一过程中学会了与他人互动。它塑造了我创造性思考的能力，培养了我的社交技巧。现在的孩子，包括我自己的孙子、孙女，都在电子产品上花了太多时间而缺乏人际互动。

我成长在还没发明电视机的年代，父母晚上会读书或看报，做些自己喜欢的事情，或者散步，孩子们则在街灯下玩耍。在后院的露台流行之前，人们会花更多时间在前院与路过的邻居聊天。在发明空调之前，邻居们讲话的声音和他们收音机的声音都会随着夏日微风从窗口飘进来。那个年代，你依然可以听见马车在街上发出的哒哒的马蹄声、福特T型车的轰鸣声、小贩的叫卖声、送牛奶及送冰块的哐当声，还有煤炭从管道掉落煤仓的啪嗒声。

父母在我早年时便灌输给我坚定的职业道德。我在家中负责的一项杂务是每天早晚为火炉加煤。送煤的人会把煤堆在我们的车道上，所以我先要把又重又脏的煤一趟趟搬进地下室，打开已经裂缝的铸铁炉门，把煤铲进火炉里，堆在犹有余温的余烬上。这项差事让我们在寒冷的密歇根冬天不至于挨冻，当然，以今日的标准来看，我家还是很冷。我妹妹伯尼斯还记得，由于当时屋子里实在太冷，我们在准备上学时都得站在火炉通风口前取暖。暖气依赖煤，冷藏则需要冰块。邻居们都会在自家窗口贴上字条，写明他们需要多少冰块。我还记得有一回我和朋友一起去送冰，要把23公斤和46公斤重的冰块搬上楼，在冰柜里腾出空间，放进冰块。这些冰柜都有一个滴水托盘，用来收集融化的冰水，我记得有好多次我和妹妹被叫去擦被水淹的厨房地板，因为我们忘记清空滴水托盘了。

父母的以身作则让我把工作视为生活的一部分，这也是家庭和谐的关键。妹妹伯尼斯长大后或许记得，她小时候讨厌为全部餐椅扶手掸灰尘，但她从未抱怨或拒绝身为家庭一分子该做的工作。

在我们这个荷裔美国人社区，星期日必须去上教堂。我们是加尔文宗教徒，隶属荷兰归正会。我们遵守一套明确的教条：荣耀你的父母，为教堂的工作捐款，为他人奉献，诚实，勤奋，追求心灵成长。我们三餐前都要祷告，用餐结束后还要再读一段《圣经》。

所有商家在星期日几乎都会打烊。饮酒不受赞同，跳舞甚至看电影都被一些教友视为浪费时间。我们社区有两大教派，一个是美国归正会（Reformed Church in America），是殖民时期由荷兰移民引进的；还有一个归正福音教会，是从美国归正会中分离出来的，缘由已不可考。我们家参加的教会是更正教会（Protestant Reformed Church），是从归正福音教会中分离出来的，是这3个教派中最严格、最传统的。教友通常会参加在红砖大教堂中举行的星期日早晚两场礼拜。

在最早期的记忆里，我就已熟悉了教堂木头长凳的感觉。对一个喜欢运动、喜欢和朋友在户外玩耍的调皮小男孩来说，端坐在教堂硬板凳上试着听懂牧师漫长的祷告和严肃的宣讲并不容易。等我大到可以坐朋友的车一同去教会时，我们偶尔会从教堂后面拿一份公告，不参加礼拜就离开，回家后会把公告拿给父母看，证明当天早上我们去过教堂。

虽然我们小孩子只用玩耍嬉戏，但我们也必须面对大环境的不景气和父亲失业的事实。为了养家，只要能挣钱，我父亲什么都做。工作日他在一家杂货店的储藏室里堆面粉袋，星期六他在男装店卖袜子和内衣，可是他从不抱怨。父亲是个很乐观的人，他相信积极思考的力量，并会宣扬这种力量，尽管他自己的人生并不如他期望的那样成功。他喜欢的那些书籍作者和我现在所推荐的一样：诺曼·文森特·皮尔（Norman Vincent Peale）和戴尔·卡内基（Dale Carnegie）。他的受教育程度只到八年级，但他会通过这些积极思考的书来学习。他总是告诉我："你会成就大事业，你会比我更了不起，你会看到我从未看到的。"

回想起来，在我童年的艰难年代，父亲必然承受着许多压力，然而他从不表露。如今回想起他当年如何以积极、乐观的态度来领导我们全家，树立起杰出的典范，我多希望自己在年幼时便表达出对他的仰慕和敬佩。更重要的是，我希望自己也能成为子女的好榜样。我们不该试图永远陪伴在子女及孙辈左右，但在有生之年，我都会努力协助我的子女及孙辈去过成功、有意义的生活。如今，我真切体会到父亲当年对我有着相同的期许。

失业之后，父亲鼓励我自行创业。他感觉自己无法掌控自己的职业命运，他的命运掌握在雇主的手里。更重要的是，他让我相信创业并非不可能的梦想，还让我相信个人奋斗的无限潜能。每当我说"我做不到"时，他就会打断我，说："没什么是做不到的。"他向我强调，"我做不到"是一种自己认输的说法，而"我做得到"是充满信心与力量的说法。父亲总是提醒我："你做得到！"这句话一直回荡在我的脑海中，终身指引着我。

或许因为我是长子，也是唯一的儿子，父亲对我十分关爱，会陪我运动，读书给我听，外出时总爱带上我。他在许多方面感染着我，对我的人生产生了极大影响。父亲喜欢动手修理东西，我曾见过他在地下室修理各类器械。他也是位有远见的冒险家，热爱创意，梦想着去远方。因为旅行费用的关系，他去不了那些在地图上看过的地方，不过，我倒是记得有一次，全家挤进一辆车里去了黄石国家公园，那可是我们家的一次大冒险。

SIMPLY RICH | **狄维士的感悟**

父亲总是让我相信个人奋斗的无限潜能。每当我说“我做不到”时，他就会打断我，说：“没什么是做不到的。”他向我强调，“我做不到”是一种自己认输的说法，而“我做得到”是充满信心与力量的说法。父亲总是提醒我：“你做得到！”这句话一直回荡在我的脑海中，终身指引着我。

送报，我的第一份工作

父亲对于营养的兴趣，可说是走在时代尖端。在大家都不知道何谓有机园艺之前，他便开始倡导健康饮食的好处。我们的餐桌上只有全麦面包，即使我的妹妹们都很不爱吃。他在营养领域的独到见解及身体力行，对日后我跟未来的事业伙伴杰·温安洛愿意成为纽崔莱（Nutrilite）营销人员有着直接影响。

我很幸运，我的母亲也给我的人生带来了好的影响。她是个家庭主妇，无时无刻不在照顾我和妹妹们。不像父亲，母亲说，她在那些艰难的日子里可没有那么乐观。然而，她有一股安定人心的力量，把家里整理得井然有序，准备三餐，以务实和节俭的精神让全家安然度过了不景气的年代。她是个亲切慈爱乐于助人的人。是她教会我如何做牛奶软糖，灌输我和工作相关的道理，坚持每个孩子都要分摊家务事。摆餐桌、清理餐桌或洗碗，你必须选一样做。通常，我会帮母亲把碗盘擦干，这个例行工作让我和母亲每晚都有时间在一起聊天，我想，这是现代文化所缺少的。

她极富巧思，总能最大限度地利用有限的资源。例如，她每年都会重新布置家具，因为我们买不起新家具，而重摆一遍家具至少可以让起居室焕然一新。她对我看待金钱的态度也极有帮助。她给了我第一个存钱罐，把我给邻居打零工赚来的硬币存起来。我把攒下的硬币全都投入了那个铁制的存钱罐，每个月母亲会带我去一趟银行，把这些硬币存进我自己的账户。

在那个时代，为了赚钱，我开始送报，回想起来，这可算是我的第一份事业。为《大急流报》(*Grand Rapids Press*)送报让我学会了负责任，懂得了尽职和努力工作以获得报酬等各种原则。每天早上，会有一大捆报纸被扔在我家附近，让这个地区的报童去送。我计算好我的路线和要送的份数，然后和其他报童坐在街边把报纸一一折好，塞进斜背在肩上的大布袋里。我有三四十个客户，而且将他们服务得很好。一开始，我走路送了好几个月，没多久，我便立下目标要存钱买一辆二手自行车，一辆黑色的施温（Schwinn），好让我的工作更加轻松、更有效率。我至今还记得用自己赚来的钱实现目标、买下自行车时的快感，这是我终身铭记的另一个与工作有关的宝贵心得。我从自行车上帅气地将报纸扔上门廊，有时也必须下车把失手扔进草丛的报纸捡回来。我的贴心服务在每年的圣诞节都会获得回报，许多客户会额外给我25或50美分，偶尔甚至能拿到1美元。

每个星期六的早晨，我必须去每一位客户家收取报费。收到钱以后，我就在他们用钉子挂在门旁的小卡片上打个洞。我的第一份工作教会了我所有的基础事务，让我明白必须出门去争取业务，好好服务客户，以及如何收钱和找零。

这份工作也使我对自由和行动力有了新的体会，更别说赚小钱的方法了。虽然我会送报给附近的富裕家庭，可是我从来不认为自己是这个“富裕”世界里的“穷人”，也从不憎恨或嫉妒这些客户。我知道他们过得比我们家好，但我不羡慕他们，而是下定决心：有一天我也会拥有他们所拥有的一切。我相信凭着努力工作，有朝一日我也会像他们一样。

领我踏进商业世界的另一个关键人物是我的外祖父，他让我感受到了完成第一笔买卖的兴奋。祖父和外祖父都住在我们家附近，两人都是商人。

我的祖父狄维士经营一间小店铺，卖一些杂货和干货，还替客人代购邮购目录上的生活用品与服饰。店铺柜台上还有零卖的糖果，而店铺正对面就是学校操场。我记得那些学生进来后会专注地盯着玻璃后面一整排五颜六色的糖果，最后才决定掏出他们的一两分硬币。

祖父就住在店铺楼上，如果客人在他吃午饭或者忙别的事时进来了，他会听见门铃声。如果他在做餐前祷告时有客人上门，他会停一下，喊一声“等一下”，在念完祷词后才下楼去招呼客人。他还会驾着马车在附近收取订单及送货。

我的外祖父德克是位老式的“货郎”（huckster），这个词源于一个古老的荷兰词语，意思是“叫卖”。他每天早上都开着T型车去公共市场买菜，然后沿着居民区附近的路线挨家挨户兜售。每到一家，他会按门铃、按喇叭或大喊：“马铃薯、蕃茄、洋葱、胡萝卜……”家庭主妇们便会从家里出来向他买菜。

那袋外祖父跑完路线后剩下来的洋葱，是我第一次贩卖的物品，当然，有第一次就有第二次。之后，外祖父每次剩下的青菜，就由我拿去卖。这需要销售技巧和毅力，可是我乐此不疲。我从送报和分担家庭杂务中获得的经验和心得，在我幼小时便奠定了根基，使我最终成长为一名勤奋、有责任感、注意细节并懂得取悦客人的工作者。14 岁时，我在家附近的加油站找到了一份工作。那时候的车主依赖附近的小型加油站，它们大多是由懂得修车技术的邻居们开设的。这些加油站大多在前面有两部加油机，还有一个修车棚。许多工作人员都穿制服，戴着很像警官戴的帽子，衬衫领口还系着蝴蝶结。除了加油，洗挡风玻璃和检查油箱、水箱之外，这些加油站还提供其他保养服务，而这些我全部做过。

星期六一整天我都在洗车。那时还没有洗车机，修车厂也没有空调，客人在冬天时都依赖加油站帮他们洗车。洗车的费用是 1 美元，我每洗一辆车可以拿到 50 美分，所以即使是在冬天，每个星期六早晨我还是会穿得厚厚的，尽量多洗几辆车。由于当时许多道路都没有铺路面，车的窗子和门框上往往积满了尘土，而我都会仔细擦拭干净，并因洗车细心而获得好评。我还会利用从父亲那儿学到的知识帮技工找找汽车零件，偶尔做一些简单的维修，比如更换发电机。

后来我受到倚重，老板必须出城办事的时候便会让我管理加油站，即使我才不过十几岁。知道有人如此信任我，让我倍感振奋。我在年轻时便体会到了对一项事业负责的意义，这一重要心得让我终身受用无穷。

青少年时，我还在放学后到男装店打过工，当售货员。我其实是在做成年人的工作，但我很珍惜在比较专业的环境下与客户交流的机会，我发现自己十分擅长销售。当然，我也希望跟朋友一样在放学后去运动，可是我需要赚钱贴补家用，每个家庭成员都需要帮忙维持家庭生计。我在中学的棒球教练有一次对我说：“我看你是个左撇子。你想来打球吗？”我说：“我很想，可是不行。每天放学后我都要去打工，所以没办法练球。”

SIMPLY RICH | 狄维士的感悟

这份工作也使我对自由和行动力有了新的体会，更别说赚小钱的方法了。虽然我会送报给附近的富裕家庭，可是我从来不认为自己是这个“富裕”世界里的“穷人”，也从不憎恨或嫉妒这些客户。我知道他们过得比我们家好，但我不羡慕他们，而是下定决心：有一天我也会拥有他们拥有的一切。我相信凭着努力工作，有朝一日我也会像他们一样。

第二次世界大战时的生活

1941 年 12 月初一个异常暖和的星期日下午，我的人生出现了急转弯。我正骑着我的施文牌单车，一个邻居男孩在街上叫住了我：“你听说了吗？”

“什么？”

“开战了！日本人轰炸了珍珠港！”

我就是这样在 12 月 7 日知道了开战的消息。当然，从那天起，我们会通过听广播和看报来了解战事的进展。这方面的消息总是当天的头条新闻。洛厄尔·托马斯（Lowell Thomas）能成为知名记者，就是因为他每天晚上在电台播报 15 分钟新闻，并为电影院放的新闻影片担任旁白。我永远都不会忘记他那独特而美妙的嗓音为每一则报道增添了紧迫和激动的气氛，也为许多美国人在第二次世界大战前从未听说过的遥远地方带去了一丝浪漫。在我们因大萧条所经历的苦难过后，第二次世界大战又造成了新的物资短缺情况。福特在 1941 年的车款出厂之后，就再也没有新汽车上市了。纸张、橡胶、金属和食品等物资全部供给短缺，在战争中消耗了太多。我们开辟了“胜利菜园”

（Victory Gardens）[①]，将农产品送到前线，购买日用杂货和汽油都要用配给券。大家把自家菜园栽种的蔬果制成大量罐头。我还记得帮母亲做罐头的经历，一罐又一罐的西红柿、酸黄瓜和其他罐头食品摆放在我们蔬果窖的木头架上。让我们社区第一次真正感受到战争的，是邻居一位医生在前线担任海军机枪手的儿子为国捐躯的事。

开始读高中是我的另一个转折点，它让我学会勤奋学习、尽职尽责和正确决策。当我还是个 15 岁的高中新生时，父母送我去念本市一所小型的教会高中。和大多数青少年一样，我不知道私立中学要花很多钱，也不感激父母为交学费付出的辛劳。我每天混日子、谈恋爱，不写作业也不管成绩。不过，第一年我设法通过了所有考试。我的拉丁语老师让我勉强及格，为的是不想让我重修她的课！学年结束时，父亲说：“如果你再鬼混下去，我不会再花一毛钱让你上私立学校。你可以去公立学校混，不会花我一分钱。”

因此，来年他送我去了戴维斯职高（Davis Tech），学习电工技术。在这所职业学校，我被贴上了“上不了大学”的标签。那一整年我过得糟透了。一切宛如一记警钟，让我明白了在学校混日子所损失的一切。我告诉父亲，我想回去读教会高中。

他说：“谁来出学费呢？”

我回答：“我来。”

通过打零工赚钱回到大急流城教会中学（Grand Rapids Christian High School）后，我变成了好学生。**我懂得了一个道理，比起别人给你的，你会更加珍惜自己赚来的。我还学到，做出决策便要自负后果。**我在学校混日子会带来不良后果，而我决定重读教会中学，则为我这一生带来了正面效果。

① 也称“战争菜园”或“国防菜园”，美国在第二次世界大战时期在民宅或公园里种植蔬菜、水果和香料，以缓解粮食短缺问题的举措。——译者注

终身的啦啦队长

在大急流城教会中学，我开始学习并培养领导技巧，为日后在商业上的成功奠定了基础。虽然打工让我没法去打球，但我找到了另一个发泄渠道。学校的篮球赛没有啦啦队，我便决定要带头加油。我就站在场边大喊加油，沿着球场做侧手翻来带动观众。从那时起，我开始穿我打工的店里的衣服，所以有时我会穿西装打领带来加油。我的动作显然给衣服的缝线造成了压力，有一次，在所有学生面前，我做了一个侧手翻，裤裆裂开了。我面红耳赤地离开了球场。可是，我没有因为那次的难堪就此怯场。

我喜欢为观众和球队带动气氛，加油打气成了我终身的工作。**如今我依然自称为“啦啦队长”，因为我不断鼓励别人要有信心，要发挥自己的才华去实现梦想。这是我成功以及帮助别人成功的最重要的原因之一。**

可惜的是，我在课堂上的成绩不如在球场上的表现。鼓舞他人、结交朋友和社交而不是坐在教室里更符合我的天性。尽管我的成绩有所进步，却还是不够好，而且我没有目标。我的脑海里仍存有自己当老板的想法，可我不知道何时、如何当老板。

我不记得自己是如何被提名的，但我参加了高三学生会主席竞选。读过一年戴维斯职高后，我以为大家都不记得我了，不过，或许靠着我当啦啦队长的名气以及擅长交友的性格，我的人气直线上升。有些老师甚至还帮我拉票。有一天，我的老师离开教室几分钟后回来对我说：“你当选了！我太兴奋了！我很希望这是真的，所以一定要自己去确认一下。”

身为学生会主席，我将在毕业典礼上致辞。当时，美国刚脱离大萧条没几年，正在经历第二次世界大战。我将向数千人赞扬美国，这个机会千载难逢。即使当时那么年轻，我依然充满希望与乐观。我将毕业致辞的重点放在美国这一国家的力量和乐观的未来上。

我把毕业致辞的题目设定为“1944 年的毕业生未来将面对什么”（What Does the Future Hold for the Class of 1944）。父亲帮我在镜子前练习，指导我的措辞、手势、停顿的地方和需要强调的字眼。我十分努力地准备致辞，希望能激励那些和我一同迎接新生活的同学——他们中许多人要去欧洲和南太平洋加入捍卫自由的队伍。我在大急流城的冷溪归正福音教会发表了致辞。我已不记得自己当时是否紧张，却记得自认为讲得很好，听众们都在鼓掌。致辞结束后，听众里有一位母亲甚至告诉我：“你讲得比牧师好太多了。”这在我们基督教社区里可是极高的赞美，因为大家唯一听过的演讲，就是每星期日的布道。

行动、态度和环境

高中时经历的另一件事永远改变了我的一生以及我对自己的定位。毕业时，文质彬彬、具有学者风范的《圣经》老师伦纳德·格林韦博士（Dr. Leonard Greenway）在我的毕业纪念册上写了一句让我铭记在心的话，那只是一句简单的鼓励话语：“做一个有领导才能的正直年轻人。”他的话语虽然简单，但对一个不是好学生，而且被说成“不是上大学的料”的年轻人来说，却是无比珍贵、令人感动的。我钦慕的老师视我为领导人！我从来不认为自己做得到。

多年后，我在高中同学聚会上遇到了格林韦老师。作为那次同学会的主持人，我当着全班同学的面问他，他是否还记得在我的毕业纪念册上写了些什么。他站起身，在事隔多年后一字不差地背出了那句话，令我感动不已。他当年就在我身上看到了我自己还没看出的特质。他极富智慧，了解一句肯定的话语具有塑造年轻人未来的力量。直到今日，我都记得他的亲切面容。

为了纪念他以及他对我的帮助，我不断用正面话语的力量去鼓励他人。

我很幸运能在合适的环境中成长。我拥有一个亲密大家庭的爱与鼓励，有父亲的积极态度做基础，两位祖父的销售经营为模范。我承袭了荷兰人的最佳特质：拥有信仰、节俭务实、遵守职业道德，以及追求自由和机会。我在担任学生会主席时锻炼了演讲和领导能力；我在教堂和教会中培养并坚定了信仰；我在送报和打工赚学费时懂得了工作的价值。即便是在大萧条最艰难的时期，我的身边都围绕着充满毅力和希望的人们。有慈爱的老师鼓励我，我还做了啦啦队长，这是我直到今日仍在担任的乐观进取的角色。

在我成为知名的励志演讲人之后，我的经典演说之一就是《行动、态度和氛围》(*The Three A's: Action, Attitude, and Atmosphere*)。很多人无法采取行动，因为他们被恐惧和怀疑包围了。可是，我们若不采取行动，终将一事无成。行动源于积极的态度，而积极的态度是在合适的环境中培养出来的。我的环境就是我的亲密家庭与充满爱的社区，大家通过信仰的力量和辛勤工作在大萧条中获得幸福，并紧紧怀揣拥抱美好明天的希望。不论是对我自己的孩子、我的奥兰多魔术队的球员还是数百万的安利营销人员，我都在不断强调要有合适的环境。如果你身旁都是态度消极的朋友，那就离开他们去寻找态度积极的新朋友。远离一切可能造成负面行为及意外的地方与状况。如果你生活或工作的地方充斥着消极的氛围，那就去别的地方，寻找拥有积极态度，和你有着共同目标和利益的朋友、事业合作人及导师。

积极的环境能培养出积极的态度，而这需要采取积极的行动来获取。正是我的环境使我还是个高中生时便获得了帮助，并相信自己有一天会达成目标。童年经验对于塑造我的未来而言的确影响力巨大，更具影响力的莫过于我在高中毕业前认识的一个人，他用我未曾梦想过的方式改变了我的人生，而这一切源起于坐车上学途中。

SIMPLY RICH

LIFE AND LESSONS FROM THE COFOUNDER OF AMWAY: A MEMOIR

14 岁的冒险，开车横越美国

在母亲极不情愿的祝福下，如同现在的男孩跨上单车骑到街上一样，我就要手握载货卡车的方向盘，开车走过1 600多千米到达蒙大拿州了。这趟旅行展现了我在事业和生活中的冒险精神，也让我和杰的友谊愈加牢固。我们相信，会是彼此一辈子的好朋友。

公交车轰隆隆地停在我们街尽头的那一站。我读的教会中学离家有3千米远，有时公交车司机看见我竖起外套衣领，帽子拉得低低的，黑色胶鞋深陷雪地里的样子，便会让我免费搭便车去上学。他一定是注意到了我要比其他同学走更远的路去学校，也知道在寒风大雪之中走这段路的感觉更加漫长。我有时会坐市区公交车，可是公交车路线穿越大急流城中心，中途要停好几站才会抵达大急流城教会中学。想要按时到达学校的话，我在日出之前就得起床了。

我需要更有效率的交通方式，由于早已具备创业精神，我很快便有了一个灵感。我注意到在我住的东富顿街，有一辆后座空着的1929年产福特A型敞篷车常会从我家门前开过，而同一辆车就停在学校的停车场上。我想，坐这辆车绝对比坐公交车或徒步上学好。所以有一天在学校里，我主动走上前与开那辆车的同校同学搭话。我告诉他，我就住在他家附近，希望可以搭便车上学。他也很富有创业精神，对我说："你可以每星期付我25美分补贴油钱吗？"当时每3.8升汽油大约是10美分，我同意了这笔交易。后来才知道，他向每位想搭车的同学都收取每星期25美分的车钱。这是我和杰·温安洛的第一笔正式商业交易，他从此成了我的终身好友及事业伙伴。

“荷兰双胞胎”

杰的父亲詹姆斯和另一名荷兰人约翰·菲利克马一起经营着温安洛与菲利克马汽车经销公司，该公司直到今日仍在营业，这也是为何杰还是个青少年时便能在大萧条时代自己开车的原因。我刚认识杰的时候，他很好学、沉默寡言。他是家中独子，跟我家相比，他的家里极为安静，父母非常保守。我很外向，不是认真学习的好学生。而杰则保守、认真，在我眼里他不用读书就能拿到全科优秀。所以，我最初被他所吸引，不是因为我们彼此之间有任何共同点，仅仅是因为他的车。以前他住在城外，有几个一同去教堂的朋友，后来他搬到了我住的东富顿街，在新社区并不认识什么人。

我们彼此极不相似，不仅在个性上，在体型上也是。我短小精悍，有一头黑发，杰则高大修长，有一头金色鬈发；我外向，他害羞；我会逗人开心，杰则富有机智，时常让人会心一笑。我还在读高一时，他已经上了高二。他话不多，不喜欢闲言碎语，不过人很有趣，因为他喜欢普通高中生不会感兴趣的话题。我或许没耐心成为学者，可是我想要扩大自己的眼界，所以我们逐渐彼此吸引，并能进行颇为有趣的对话。

有一回坐他的车上学时，我忍不住问他：“你今晚要不要去看球赛？”我当时根本不知道他是否明白我指的是高中篮球比赛，也不知他是否看过，没想到他回答说：“好啊，我猜一定很好玩。”于是，我们结伴去看了一场篮球比赛。后来，我们便不时去看球赛，当然，在球赛上会碰到其他朋友，赛后也会一起去喝可乐、吃汉堡。跟我交朋友之后，杰开始接触到不同的人，也在学校里有了一些朋友。我们经常混在一起，还不时带女孩出去约会。

多年后，《读者文摘》（*Reader's Digest*）的一篇文章把我和杰形容为“荷兰双胞胎”。这种说法在很多方面都不正确，因为我们的外貌和性格都不同，但也不算错，因为我们的世界观和理念极为相似。现在回想起来，我觉得我们这份友谊从一开始就很成熟，因为现在有很多人从不曾了解彼此，就凭着外表以及个性不合，便对别人妄下评断。**我和杰原本不太可能走到一起，但倘若我们永远不试着去跟外表和举止看起来不像自己的人做朋友，就永远不会知道彼此其实有多么相像。**

从男孩蜕变为男人

没多久，杰不仅结识了更多朋友，还发挥了他的创业才华，找到了更多付费的乘客。他的A型车有时载满了同校学生，座椅都坐不下，有些人甚至站在车门外的脚踏板上，为了保住小命而用力抓紧车门。当时还没有安全带和行车安全准则，所以只要杰没有超过本市时速40千米的限制，警察就会放我们一马，他们可能心想这是孩子们在大萧条时期负担得起的最佳交通方式吧。

我在家里装了一个篮球架，有时和朋友们玩投篮时，会看到杰开车过来，他停好车后并不过来一起打球，只是在附近闲晃。他跟我们一起进屋，我母亲会拿些吃的出来。我母亲非常喜欢杰——有哪个母亲不喜欢儿子结交成熟、好学、有创业精神，还开着老爸车行汽车的朋友？我和杰的友谊日益加深。我带给他一点生气与活力，更从他身上学到许多，因为他很聪明。这真是再理想不过的组合了。

杰的父亲后来与我非常熟悉，甚至给了我和杰第一个合作的机会，同时测试了我们承担成年人责任的能力。当时我年仅14岁，杰16岁，不过，杰的父亲一定很信任我们俩，认为我们拥有超出自身年龄的可靠度和能力。他问我俩是否愿意把两辆小型载货卡车从大急流城开去蒙大拿州博兹曼市（Bozeman）的一个偏僻小镇，交给他的客户。这还用问吗！战时的汽车产业仅生产用于军事的车辆，蒙大拿州大型农场的主人只好四处收购这种载货卡车。如今，把这种责任托付给两个毛头小孩简直是难以想象的，但在第二次世界大战期间，大量年轻人都去海外打仗了，所以男孩们需要更快成熟。战时的男孩们需要去做男人的工作，因此我才能在 14 岁就拿到驾照。

我的母亲对杰的父亲说："吉姆，他还没大到可以开车横穿美国。"

"他们会没事的，"杰的父亲说，"他们是大孩子了。"

因此，在我母亲不情愿的祝福下，如同现在的男孩跨上自行车骑上街一样，我就要手握载货卡车的方向盘，开车走过 1 600 多千米的路到达蒙大拿州了。我和杰不断讨论与规划行程，因为太兴奋了，上路的前一天晚上都没怎么睡着。我们醒着，脑海里浮现出大西部、高山、大草原和牧场的景象。我和杰手头拮据，一路旅馆也不多，所以就睡在卡车后的稻草堆上。车子有拖车杆，所以我和杰可以一起开车，用一辆卡车去拖另一辆。有些地方我们有熟人，便会停下来。在艾奥瓦州有一些教会的人，还有一些比我们年长的孩子要去大急流城的加尔文宗学院读书。我们在这些人家里歇个脚，东道主便会招待我们。其中一户人家可能是德国后裔，请我们吃了德国酸菜。我还记得，那家人因为看到我第一次吃酸菜时扭曲的表情而大笑不止，我讨厌这个味道。

在高速公路出现前的年代，汽车限速大约是 64 千米 / 小时，道路是双线道，沿着县界线铺设。我们常常会开上好几千米，在十字路口来个左急转，沿着那个方向开一会儿，再向右转，来回重复好几遍。当时的公路就是这样的，因为要优先考虑农场而不是道路的顺畅。我们开过艾奥瓦州，又穿越了南达科他州。我记得我们在拉皮德城（Rapid City）著名的沃尔药店停车休息，然后开到巴德兰兹（劣地）国家公园（Badlands National Park），看到了在教科书上看过的经典石刻山：拉什莫尔山（Mount Rushmore）。

我们从大急流城出发时，卡车轮胎几乎已经磨平。我记得在一个大热天里爆胎了 3 次。我们用带来的补丁修理车胎，但一个不知名小镇的修车厂要收我们5美分才愿意帮我们给车胎打气。即使是5美分也超出了我们的旅行预算，我们只好在烈日下自己动手给车胎打气，挥汗如雨。这是另一条我早早获得的人生经验：节俭和自立自强。

这趟旅程展现出了我和杰在事业和生活中的冒险精神，让我们游历了美国，并且更加深爱自己的国家，而这将塑造日后我们创业的原则及风格。我和杰还学到了团队合作、自立自强、负责任、建立信赖的道理，并体会到了做好工作带来的满足感。我们一直很享受旅行，例如后来做纽崔莱产品时，需要每年前往加州公司总部两次。我和杰喜欢开车往返加州，总是顺路前往国家公园并去山上滑雪。经历了一同开车上学、放学后一起玩耍以及开启了青少年梦想之旅的公路冒险之后，我们的友谊变得愈加坚固。等我高中毕业时，我和杰已亲如兄弟，相当熟悉彼此的个性。我们相信，对方会是一辈子的好朋友。高三那年，杰在我的毕业纪念册上写下："真金不怕火炼。"

我怀念那个所有年轻人都能经历冒险的年代。现在的趋势是，许多父母往往出于恐惧或担忧而过度保护自己的子女。这些"直升机父母"盘旋在子女的头上，想着只要孩子一跌倒马上就可以把他们扶起来。事实上，如果我们不让孩子在学会自己走路之前跌倒几次，就等于是在害他们。在当下复杂不安的世界，根本不可能让14岁的孩子像我和杰那样开车去蒙大拿州。感谢父母的信任让我完成了那次千载难逢的冒险。那趟旅程帮助我和杰由男孩成长为男人。现在想来，我和杰的父亲当时就明白了这个道理。

为自由而战

我已不太记得我和杰在开车上学的途中都聊些什么了，但我确定，我们两人的共同心愿是有朝一日能够自己创业。不过，和那个年纪的男孩子一样，我们比较常聊到的是运动、女孩或是学校的考试。我记得聊得最多的是战争，现在很难想象，但在当时，大家谈论的话题都是关于第二次世界大战的。除了欧洲和太平洋的战事，什么事都不重要。我们拾起门廊上的报纸，头版头条都是打赢或打输了一场战役。黑白照片要么是美国士兵在欧洲行军，要么是海军陆战队抢滩登陆。所有的电台广播的都是陌生地方的最新战况，以及赢或输了一场战役带来的影响。

电影院的电影新闻会播映戴着钢盔的德军和坦克横行欧洲的画面。杰对战争的后勤与报道极有兴趣，有自己的看法，热衷于讨论欧洲与南太平洋等对大急流城的男孩来说遥远的异域中发生的战事。在新闻影片中，希特勒、墨索里尼和东条英机在疯狂的群众前昂首阔步，每个在星期六早晨去电影院看到这些影片的男孩都明白击败这些敌人的重要性。他们也渴望加入战斗，打赢这场战争。

1942年春天，杰高中毕业，我们不再只谈论战争、在新闻影片中观看战争，战争已成为事实。那年秋天，杰成为陆军预备航空队（Army Reserve Air Corps）的二等兵。后来他成为少尉，是B-17轰炸机的训练组员。杰去服役时，把他的A型车留给了我，好让我继续开车上学。那是充满友爱、乐趣和成就的快乐时光，但我心里明白，一旦年满18岁，和许多同龄的年轻人一样，我也会被征召入伍去保家卫国。1944年6月我高中毕业，7月初便加入陆军，短短几周时间便从学生变成了军人。

那个时候，每个当兵的人都和我有着相同的想法："我们一定要赢！我要去当兵！"因为健康问题而无法服役的男性都感到沮丧。如果你能通过体检，便会非常开心，因为知道自己可以去从军了。现在说起来，大家或许很难相信。征兵制取消之后，只有主动选择当兵的人才会去打仗。我永远不希望美国年轻人去参战，但我认为我们已丧失了一些宝贵的爱国主义和愿意为国牺牲的精神。在明白国家的未来维系于打赢第二次世界大战的年代，那种精神是如此鲜明及重要。

杰后来成为投弹瞄准器方面的高手，教导新兵维修和调整投弹瞄准器以及如何执行投弹。在执行投弹时，负责轰炸的军官主控整架飞机。飞行员设定飞机航路，但抵达投弹地点之后，便交由负责轰炸的军官负责。没多久，杰便被送到耶鲁大学接受军官训练，之后很快便晋升为军官。他很聪明，学这些东西很快。在服役期间的众多往来书信之中，杰在一封由南达科他基地写来的信里说道，那一天是他的生日，他正在办公室值勤，主管整个基地。他只不过 21 岁，就负责起基地上所有的轰炸机、士兵和飞行员。唯有在战时，国家才会把如此的重责大任交付给这么年轻的人。

生命与死亡不断交错

入伍时，我曾希望成为飞行员。但 1944 年夏天，战事已趋于尾声，空军决定不再另外训练飞行员，他们分派我担任滑翔机技工。我穿着便服到大急流城训练站报到入伍，不多久便换上了绿色军装，口袋里放着一张由政府出资的去往芝加哥的火车票。我记得和父母一起在月台候车时，他们努力不显露出太多情绪，但他们担心唯一的儿子将在异地身处险境。

后来在服役时，我坐火车去遍了全国各地，车上挤满军人，在这种行程中，同袍之间会自然而然地嬉戏打闹。因为我天生外向，我觉得在客满的车厢里，跟渴望去打胜仗的年轻战士们挤在一起其实很有趣。坐火车去芝加哥是我头一次长途旅行，目的地还是个大城市。听着铁轨的轰隆声，望着窗外的中西部农场、小镇和工厂，我一个人想着心事。在火车上的几小时里，我想了好多。

和所有入伍的人一样，我想到了打仗和为国捐躯的实际危险。每天报纸都会刊出在战场上受重伤或阵亡的战士姓名，其中有些姓名是我熟悉的，甚至还有我认识的年轻人。我了解自己有生命危险，可能被派往危险的地区，或许再也无法回家了。那时，还有后来在战时，我开始严肃地思考自己的信仰。信仰在军营中有重大意义，因为你随时可能性命不保，看到战友们死去；今天你的弟兄还活着，明天可能就死了。生命与死亡随时在眼前鲜明呈现。因此，宗教变得更加严肃，你必须决定自己相信些什么，不相信些什么。战争坚定了我的信仰，信仰引领着我的人生，这使我得到安慰。

我很自豪能自愿从军，与国家有着一致的必胜决心。我们无法想象有朝一日自己的国家也上演“独裁者占领国家，每个人必须听从希特勒的命令行事”的情景。新闻影片中的独裁者和踢正步的军人行列把我们都吓坏了。我决心要尽一己之力保卫国家。后来，我努力不让死亡的想法在脑海里盘旋。战场上永远有阵亡的可能，可是年轻人总以为那种事只会发生在别人身上。时间很紧，我们不会沉溺在危险的念头中，甚至不会去谈论它，只做该做的事。在那趟前往芝加哥的火车上，我才惊觉自己已离开家，可能有好长时间都无法回去。

朋友的意义无远弗届

我后来才知道，对那些在海外服役的人来说，最触动他们心灵的一个字就是“家”。家有了一个崭新、美妙的意义，成为一种生命价值。许多军人想去见识这个世界，也很开心能离家远行，但后来他们都庆幸有家可回。

我与家里的联系是靠着父母、家人和朋友寄来的书信，这让我可以知道家乡发生的事情；父母和我每星期至少通信一次。年轻战士莫不盼望收到家书，因为即使家乡的人定期写信，也不表示他们可以定期收到信。把信送到部队是一项挑战，因为朋友和家人未必知道自己想念的人驻扎的地方。他们只知道必须把信寄到太平洋或大西洋地区的邮局。

我和杰保持着书信联系，他写的信对我来说是最重要的，尤其是当我身处离家数千千米的一个太平洋小岛上执行任务的时候。我写给他的信中很多都例行报告式地描述一下自己的日常任务，可是杰写给我的信都很深入，充满哲理。他写了很多东西，因为他思考了很多问题。他的信让我安心，也让我明白彼此友谊的深度。

跟我一样，杰也有思乡病。他有一次写道："今晚我格外寂寞，理查。我想是天气的关系吧，夏末这凉爽的日子，空气里似乎有些什么东西让我想起了家乡的秋天。如果今年秋天你、我和大伙儿都能回家该有多好。"在另一封信中，他特别提到了我们的友情："我们两个人是如此密不可分，是无比完美的搭配，我们的坚固友谊是不会因为战争而被拆散的。我们将继续先前被中断的事业，去实现所有的梦想，去完成两个默契的朋友所能做的无数事情。你最好的朋友，杰。"那些信件是我和杰的特殊友谊的最佳见证。我们总会在无意间提到"朋友"这个词。现在，凡是认识的人就可以被称为"朋友"，亲近一点的，就得被称为"好友"或者"知己"。有些人在 Facebook 上甚至有数千个"朋友"。在我们那个年代，朋友就是朋友，是很珍贵的关系。

我带着政府发的那张去往芝加哥的火车票和抵达后的报到单下了车。芝加哥火车站挤满了穿制服的男人和奏乐的军乐队。我从那里又坐上了前往得克萨斯州谢泼德机场（Sheppard Field）的火车，那是位于得克萨斯州及俄克拉何马州边境的大型新兵训练中心。我被分派去维修滑翔机，这些滑翔机会从飞机上寂静无声地滑行出去，将部队和补给空投到敌后。

经过一年半的训练，我在 1945 年春天接到命令，要前往一个位于日本以南的太平洋小岛基地——天宁岛（Tinian）。我接到命令时，德国已经投降，对日战争也已接近尾声。1945 年 8 月 15 日我开车前往盐湖城时，从车上的收音机中听到了太平洋战争结束的新闻。由于我们开到了山上，广播信号很弱，又找不到任何加油站可以打电话，等开进山谷时才又接收到了信号，这才证实日本已经投降，大战确实结束了。我在盐湖城和全美国民众一起庆祝。我们这批人尤其兴奋，因为我们以为自己应该不会被派到海外了。

尽管战争结束了，我们还是被派到了海外。我在天宁岛待了 6 个月，“艾诺拉 · 盖号”（Enola Gay）轰炸机就是在这个小岛装载原子弹后投向广岛的。我的任务是协助拆除美军从日军手中攻占这座小岛后设立的一座机场。我在太平洋的一个小岛上开着小卡车，完成了并不复杂的任务，我明白这份任务很重要，也很骄傲能参与其中。

对于没能被派到海外，杰感到很失望。后来他告诉我，他们已经在纽约开始登船要前往欧洲，突然，部队登船的行列停了。一名军官大喊：“载不下，满员了！从这儿开始到后面的人都回营部报到。”杰后来说：“等到姓氏由 V 开头的人登船时，船就满了。我去不了，都是因为我姓温安洛（Van Andel）而不是狄维士（DeVos）。”

战事让我接触到了从全美各地到南太平洋的不同信仰及背景的人们。军队让我学会了守纪律、做好该做的事、保持强健的体魄、指挥方法以及严谨作风——当你管理很多人时，一定要制定清楚的规则及方针。我那时并不知道，有一天我和伙伴会需要运用相同的原则来经营一家国际企业，管理数千名员工和数百万营销人员。

我在 1946 年 8 月退伍，从日本航行到旧金山，再乘火车去芝加哥。我已满 20 岁，战时经历和异国生活使我更加成熟。我迫不及待要投入这个因战争胜利而充满信心的国家。美国经济开始起飞，大家情绪高昂，那是我这一生中经历过的最有信心的时期。我们证明了团结的力量，证明我们有能力克服逆境、创造伟大。美国人准备重新工作，购买新车、家电、房屋……一切曾因战争短缺的物资。我们乐观地相信将过上美好生活，比以前要更好。返乡的军人要么自行创业，开设加油站、商店等，要么去找工作，努力打拼。美国没让可怕的希特勒屠杀我们的同胞、占领我们的国家，也没让觊觎世界其他地区的日本扩大其版图。

SIMPLY RICH | **狄维士的感悟**

战事让我接触到了从全美各地到南太平洋的不同信仰及背景的人们。军队让我学会了守纪律、做好该做的事、保持强健的体魄、指挥方法以及严谨作风——当你管理很多人时，一定要制定清楚的规则及方针。我那时并不知道，有一天我和伙伴会需要运用相同的原则来经营一家国际企业，管理数千名员工和数百万营销人员。

“合作”的力量

第二次世界大战后回到家乡时，我和杰像所有退伍军人一样，迫不及待地要在这个充满希望的新美国把握机会，将我们在战时早已开始谋划的事业付诸实践。在我入伍以前，杰有一次休假回家，一晚，我们聊天时，我问他：“等战争结束以后，你要做什么？回去读大学？”以我们的背景和想要实现创业梦想的心，我想两人都明白，大学并不适合我们。我们谈得越多，越明白两人应该合作创业。终身的合作事业是很少见的。而我和杰终身合作的理由是如此单纯和自然，没有经历过这种独特情谊的人很难用文字描述。这一切的开端是那么微不足道：每星期付 25 美分搭便车上学的交易。不过数年后，杰在战时写信给我时，称我为“永远最好的朋友”。在还没成年时，我们便在我家的车库里谋划着合作创业。

后来，我常向大众谈到“合作”的力量。单打独斗的企业家很难具备完备的智能、知识、技能和才华，很难只靠一己之力成就事业，我和杰一开始便明白这点。我认为他被我吸引，是因为我带领他加入了社交活动的圈子，领略到了结交朋友的乐趣，用啦啦队长的热情去拥抱生活的美好与喜悦。而我敬重杰的智慧。他博览群书，聪明绝顶，记得读过的所有东西。单是在日常交谈时，我便从杰那里知道了许多那个年纪的孩子不会知道的事。他的父亲经商，所以他也懂一些商业知识。每逢星期六，他都会在父亲的汽车经销公司修理汽车，这一经历让他具备职业操守，也掌握了一些机械技能。

我和杰的初次合作，是在他父亲的公司修理他的 A 型车。我喜欢杰，因为他是个聪明人，他喜欢我，必然是因为我逼他放下书本去享乐。在学生时代，他都是在家看书的。我会问他：“杰，你今晚要去看球赛吗？”

他会放下书本抬头回答：“我没想过这个问题。”

我就说：“来吧，一起去。”

“嗯，”他看完一个整段后便回答，“好啊，你要去的话，我就跟你去。”

我们说，异性相吸，“三个臭皮匠，胜过一个诸葛亮”。我和杰是两个非常不同的个体，但在一起合作以后，什么事都能做好。我需要坐车去上学，他有一部车，又刚好搬来我家附近。上天为我开启了一扇门。假如我没有走过那扇门，我的人生可能会很不一样。有人曾问过我，如果没有杰，我同样会成功吗？我的回答很简单：“不会。”我相信杰也会做出相同的回答。2004 年他过世前不久，杰对他的小儿子戴维说：“你要做的最重要的事情，就是维持这段合作关系。”

在我们合作超过 1/4 个世纪之后，我写了一张生日卡给杰，他一直保存着。这张卡片总结了我们宝贵的友谊及合作关系，胜过所有解释：

生日快乐！只想告诉你你对我有多么重要。过去的25年里，我们有过分歧，但之后总会发生更棒的事。我不知道是否有更简单的表达方式，但这就叫作相互尊重，更适合的字眼叫作“爱”。这些年对我们来说是如此美好，很难一一说明，但所有的兴奋与喜悦都是因为我们曾一起走过。这一切源于每星期25美分的便车，它开启了一趟美好的旅程。

爱你的理查

战争结束时，我和杰都坚信彼此是最好的朋友和有成功潜力的事业合伙人。我们相信彼此的能力，明白彼此能取长补短，最重要的是，我和杰互相信赖。事实上，我把当兵存下来的所有钱都交给了杰，作为我们第一项事业的投资。我们将开创一项相当特别又冒险的事业，可是我们两人都相信它的前途一片光明。

SIMPLY RICH

狄维士的感悟

后来，我常向大众谈到“合作”的力量。单打独斗的企业家很难具备完备的智能、知识、技能和才华，很难只靠一己之力成就事业，我和杰一开始便明白这点。我认为他被我吸引，是因为我带领他加入了社交活动的圈子，领略到了结交朋友的乐趣，用啦啦队长的热情去拥抱生活的美好与喜悦。而我敬重杰的智慧。他博览群书，聪明绝顶，记得读过的所有东西。单是在日常交谈时，我便从杰那里知道了许多那个年纪的孩子不会知道的事。他的父亲经商，所以他也懂一些商业知识。每逢星期六，他都会在父亲的汽车经销公司修理汽车，这一经历让他具备职业操守，也掌握了一些机械技能。

SIMPLY RICH

LIFE AND LESSONS FROM THE COFOUNDER OF AMWAY: A MEMOIR

03

合伙创业，赚到人生的第一桶金

在经营航空事业的4年间，我们大概赚了10万美元。飞行服务并不能赚大钱，我们得到的不是我们投入的努力所预期得到的报酬。但是我们还年轻，人生才刚起步，对于这样的成果感到很满足。当时唯一的问题是，之后我们要投入何种事业。

刚满20岁，我就买了一架飞机，虽然那时我连汽车都还没有。当时我仍在陆军航空队（Army Air Corps）服役，茫然不知几个月后退伍返乡之时会过上怎样的日子。或许出于年轻，或许缺乏经验，或许纯然对未来感到无比乐观，我把当兵存下来的钱全部寄给了杰，投资购买了一架飞机。当时美国少有人搭乘过飞机，更别说拥有一架飞机了。和早期航空时代那些迷恋查尔斯·林德伯格（Charles Lindbergh）和战时战斗机与轰炸机飞行员的年轻人一样，我和杰都喜欢飞机。我们相信飞机在战后的美国将变得和汽车一样普及。我们在陆军航空队服役时曾维修过飞机及滑翔机，我们驻扎的空军基地一直有飞机起降。美国建造了数百万架飞机，从单人战斗机到巨大的B-17轰炸机都有，以期在欧洲和太平洋的空战中击败德军和日军。许多美国人以为住宅会建造在飞机跑道旁边，每家的“机库”里都将有一架飞机，这种想法在当时并不算离谱。

由于航空旅游逐渐流行，我和杰看到了人们对飞机的潜在需求。那么何不把我们的储蓄凑起来去买一架飞机呢？我人还在海外，但信任杰的判断。我请父亲把我的700美元存款交给杰，作为买飞机的首付。我的军饷是每个月60美元，我把大部分钱都寄回了家，请父母帮我存起来。我父亲认识杰和杰的父亲，他信任杰如同信任我一般，所以他把钱交给了杰，并不过问我的决定。

第一次创业：成立飞行学校

杰买下了一架他在底特律找到的、由派珀公司（Piper）生产的单螺旋桨双人座飞机。因为不懂飞行，他雇用一名飞行员把我们的新飞机开到了大急流城。为了赚钱来支付购买飞机的费用，我们成立了狼獾空中服务公司（Wolverine Air Service），这是以我们家乡密歇根州的别称命名的。①

当时我们还有另一名合作人，吉姆·博斯彻（Jim Bosscher），他是我们高中时的朋友，战时也是飞机技工。但在我们创业后没多久，他告诉我和杰，他另有人生规划。他决定去读加尔文宗学院，后来在普渡大学（Purdue University）取得了航天工程博士学位，并在加尔文宗学院担任教授。他的人生证明我们每个人都有不同的天赋，能以各种不同的方式成功。他没有成为企业老板，可是他拿到了工程博士学位，过着圆满充实的人生。

战后返乡的数百万男人怀抱希望与梦想，充满信心与进取心，想要展开职业生涯、开创事业或取得大学学历。为了帮助他们，美国联邦政府实施了《军人安置法案》（*GI Bill*），为退役军人提供接受职业训练和高等教育的经费。《军人安置法案》亦适用于飞行员训练，所以我们就开始营业了。大多数从战场上回来的人都不知道接下来该怎么办，因此我很高兴自己投资了700美元开始创业。

狼獾空中服务公司通过一项早期宣传活动吸引了大急流城居民的注意。杰把我们的新飞机摆到了大急流城闹市区的一个汽车展示间里，免费开放参观。现在或许很难相信，当时很多人还不曾亲眼看见过飞机，他们深感好奇，都特地过来参观我们这新奇的、有翅膀的交通工具。销售与宣传最后成了我们的本业。我们两人都不会驾驶飞机，于是聘请了一名战时的P-38战斗机飞

① 密歇根州也被称为狼獾之州。——译者注

行员和一名 B-29 轰炸机飞行员作为我们的飞行指导员，还请了一名陆军航空队的飞机技工。于是，我和杰便能专心去宣传业务及招收学员。

我们印制了飞行课程的广告单，上面写着："学习飞行。如果你会开车，你就会开飞机。"我们向潜在客户宣传说，飞机是未来的主流交通工具，而且退伍军人上课还可根据《军人安置法案》获得补贴。我们的课程是成为飞行员或从事航空业的敲门砖。为了打动客户，我们还会提供一趟免费试乘，让他们尽可能感受飞行的魅力。推销飞行课程，不过是为了和来到机场看看飞行是怎么一回事的人们建立关系。我们激起了潜在客户的想象力，让他们在飞机上俯瞰家乡，使他们梦想有朝一日能成为一名飞行员。

第二次创业：引进汽车餐厅

这架飞机并不精密，我们早期的运营也是。当时大急流城以北几千米外的康斯托克公园（Comstock Park）机场仍在兴建之中。这个所谓的"机场"基本上是一片空地。业主耗尽资金仍无法完成工程，所以没有机棚，他们也不再兴建跑道。我和杰必须想办法，于是我们在飞机上安装浮筒，让飞机在格兰德河上起飞及降落，这条河就流过机场。杰记得我们最初的办公室是一个工具棚，但我清楚记得当时的情况是，我们把一个鸡窝拖到河边，洗干净后刷了点漆，最后在上面钉上招牌，那就是我们第一个运营据点。

机场最后终于完工了，在这段时间里，我和杰盖好了我们自己的房子，准备开始我们的第二项事业，但与航空无关。我们搭建起一座 8 米见方的组合屋，这是我们在一个房屋展览会上找到的一组产品，含有说明书和零部件。我们取出所有零部件，按照指示把所有木头钉起来，安装电线，最后完成了我们开展新事业的办公室：河畔汽车餐馆（Riverside Drive Inn）。因为我们的飞机必须在天黑前进棚，每天的工作在日落前便结束了。我们不想浪费晚上的时间，于是想到开一家餐馆，好多赚一点钱。我们的客人是在机场的工作人员、停机坪使用者，或是开车来看飞机的人。我和杰记得之前有一次去加州时看过好几家汽车餐馆，我们认为可以把这种创新做法引进家乡。借助300美元的资金，我和杰在1947年5月20日开设了密歇根州最早的一批汽车餐馆之一。

有些人或许很难相信，两个年轻人竟然这么有干劲。现在，我们期望年轻人先读完大学，体验一下为别人工作的感觉，而后再自行创业。但我想，我们那个年代就是这样，而且我们在很小的时候便被鼓励去工作，还需要负起责任。我自己也不太能解释这种差异，我只知道我和杰凡事做起来都充满干劲而不是怀疑。那时候的美国仍以“北方佬的独创性”（Yankee ingenuity）、后院技工和自己动手做（D.I.Y.）而著称。在复杂与专业化的时代来临之前，我们更常做的是“敲打修补”。现在我有时读到一些人在20岁出头就成功创业的事，会为他们喝彩，也很高兴这项传统能延续下来。我鼓励所有年轻人去读大学，但绝不会阻拦有才华、有理想的年轻人去追求创业梦想，只要他们认为自己已具备成功的所有条件。

SIMPLY RICH 狄维士的感悟

我们那个年代就是这样，而且我们在很小的时候便被鼓励去工作，还需要负责任。我自己也不太能解释这种差异，我只知道我和杰凡事做起来都充满干劲而不是怀疑。那时候的美国仍以“北方佬的独创性”、后院技工和自己动手做而著称。在复杂与专业化的时代来临之前，我们更常做的是“敲打修补”。

两个充满干劲儿的年轻人

我们没有经营航空公司的经验，不过我们对飞机的认识确实多过我们对经营餐馆的了解。我对厨房仅有的体验就是吃母亲做的菜和擦拭碗盘，幸好一家小型汽车餐馆并不是什么复杂事业，我们一切从简。我们这间小小的白色墙板建筑物的木瓦屋顶上挂着“河畔汽车餐馆”的招牌，屋里只摆得下一台旧煤气炉、一个柜台、一台冷饮冰箱和一台冰柜。我们没有内用的餐桌，所有食物都用托盘外送到汽车上。

当时机场所在地还很偏远，所以刚开始我们没有水也没有电。我们买了汽油发电机，它在地板上轰隆作响，吵得我们几乎听不见彼此说话。虽然有持续不断的噪声和一股浓浓的汽油味，这台发电机为我们提供了足够的照明电力。我们的炉子必须使用煤气罐，我们得到数千米外的一口水井边去打水，装在水罐里运回餐馆。我们的菜单很简单，用铸铁平底锅煎的汉堡、热狗，还有冰箱里的冷饮及牛奶。

我和杰轮流煎汉堡、送餐到客人的车上。我们发生过的最大失误就是把肉饼煎焦，只好扔掉。我想这种事我们至少都干过一次。在停车场上，我和杰竖起了几个 10 厘米见方的广告牌，还挂上了灯泡。每个广告牌都用钉子挂着个夹纸板，附上菜单。客人准备好点餐时，便按下灯泡开关，杰或我便会跑到他们的汽车旁边去接受点餐。现在很难想象两位飞行学校老板穿着围裙、挥汗如雨地在炉前煎汉堡，在厨房和客人的汽车之间跑来跑去的情形。为了推广我们的航空业务，我和杰拍了一张在办公室里的照片——两名年轻主管穿着合身的飞行夹克在讨论一张图表，看起来颇有分量。那个场景与我们在夜间充满喧嚣、作为汽车餐馆服务生汗流浃背地煎汉堡的工作有着天壤之别。

上天眷顾我们，给予我们满满的精力和进取心。即使我们从早到晚经营着两项全职事业，我们依然在寻找新机会。有一段时间，我们在机场旁的格兰德河上出租独木舟。我们从一个男人手里接下了贩卖冰激凌的生意，他有大约十几辆冰激凌手推车出售。我们从他手里买下了这批手推车，在夏天时雇用学生向社区里的小孩兜售棒冰。我们还和出租船的老板谈妥，组织到苏必利尔湖钓鱼的活动。

在漫长的一天结束之后，我和杰才有力气到大急流城的汉堡店，一边大啖沾满酱汁的汉堡，一边谈公事。有时我们会回家吃，我母亲会替我们准备晚餐，隔天晚上再换杰的母亲准备晚餐。我们两人都不想偷懒。飞机在雨天无法飞行时，我们会设法保持生产力，而不会拿天气当借口不干活。事实上，我们发誓有一天要创立一项不必依赖天气、日光或人们是否有来吃晚饭的需要的事业。

狼獾空中服务公司最后成为密歇根州首屈一指的飞行学校，拥有 12 架飞机与 15 名飞行员。在我们营业期间，我和杰也成为自家公司的客户，分别考取了飞行员执照。在那个时候，不必花多少时间就能完成地面课程和飞行时数，拥有驾驶我们公司那类双人或四人座的单引擎螺旋桨飞机的资格。几年后，我又完成了训练课程，取得了双引擎飞机的飞行执照。驾驶飞机翱翔在家乡熟悉的景观之上，在格兰德河上空及密歇根湖沿岸飞行，带给了我永生难忘的快乐。

是要做什么，而不是可以做什么

飞行与拥有飞机成了我终身的兴趣。随着安利事业的成长，我们买下了属于自己的第一架飞机，那是派珀公司产的“阿兹特克人”（Aztec），但是当我们的事业拓展到美国西岸后，这架飞机已无法负担这种航程，我们开始考虑买一架喷气机。我们早期聘任的一名企业顾问说：“我才不管你们要把钱花在哪里。如果那可以让你们出去跟营销人员谈话、在会议上发言，那就买吧！”我们照办了。等到那架喷气机总是预约满档时，我们又买了一架，后来一架接着一架，最后还盖了公司的机棚来停放机队。

我一直说，如果没有计算机和飞机，我们的事业无法有今日的规模。我们相信人与人之间的接触，如果没有飞机，我们无法去和远方的人们接触。

狼獾空中服务公司对我和杰来说是一个了不起的训练场。我们边学边做，满怀信心地前进，如同我们后来一直在做的。当然，其中不乏我们应该三思而后行的时刻。举例来说，早期，我们在当飞行员的时候，曾因燃料不够而把水上飞机降落在密歇根州北部的一个小湖上。那个地方的人们很少会看到湖中停着一架飞机的景象，许多人便驾船来看，我们自觉像社会名流。我们设法买到了一些汽油，却发现湖面太小，没有足够距离加速起飞。我们最后把机尾绑在一棵树上，一名飞行员发动引擎，杰砍断绳索，发动中的飞机便向前射出，离开水面，勉强擦过了对岸树林的树顶。

经验其实是最好的老师，我们从第一项实体事业中获益良多。我们学会了如何宣传及销售一项服务给客户；我们学会了管理及会计知识；我们有了第一次跟政府打交道的经验，因为我们必须呈交飞行服务记录，才能申请《军人安置法案》的补贴。杰必须带着所有飞行服务、飞行课程的发票以及其他必要文件开车去底特律。为了拿到政府的支票，这项例行工作很麻烦。我们也跟大急流城联合银行建立起了我们的第一个商业银行合作关系。当《军人安置法案》失效时，我们的收入来源和我们的事业也同时结束了。

我们在经营航空事业的 4 年间大概赚了 10 万美元，我们的餐馆则损益持平。飞行服务并不能赚大钱，我们投入的努力没有得到预期的报酬。但是我们还年轻，人生才刚起步，对于这样的成果感到很满足。现在回想起来，两名毫无商业经验的年轻人成功开创了航空公司，似乎很了不起。可我们却认为是理所当然的，因为我们在战争结束前就认定要成就一番大事业。杰在战时写给我的一封信最能总结我们当时的心情，他说："听着，这不是我们的终点，这只是第一步。这场战争终究会结束，我们会恢复正常的生活，到了那个时候，我们必须决定我们的人生要怎么过，要如何被纪念。"我记得，当时唯一的问题是我们要投入何种事业，而不是我们找不找得到工作。

伊丽莎白号：航海冒险的开端

在合作早期，我和杰同住在布劳尔湖（Brower Lake）旁的一栋位于麦尔路10号、大急流城以北16千米处的小屋里。我们还从杰的父亲手里买了一辆1940年出厂的普利茅斯牌汽车。我们的小屋只有55平方米，大约是现代一般家庭面积的1/4，但已足够容纳一间厨房、一个吧台、一个小餐桌、一间浴室和两间卧室。我和杰在其中一间卧室里睡上下铺。我睡在下铺，可能是因为杰的个子比我高。因为我们才20岁出头，我们的小屋自然成为不久前才从战场返乡的年轻人和他们的妻子或女友的聚集之处。

我们还拥有城里为数不多的电视机，大约半米高，屏幕不超过20厘米宽，还有一个兔耳天线。高中和军中认识的朋友都跑来我们的小屋看电视，举行派对，到布劳尔湖游泳，或搭乘我们用公司赚的钱买下的一艘小快艇。杰很喜欢待在家里看书，但在我的敦促下，他也乐意和我出门去看电影，或者和朋友聚会。杰不是天生的派对爱好者，可是一旦参加，他就如鱼得水，擅长社交，即便是在他宁可待在家里的时候。杰比我更爱通过看书去神游冒险。结果有一本书引起了我们两人的想象，从而促成了我们的下一次冒险。

1948年冬天，我们两人都在阅读《加勒比海巡航》（*Caribbean Cruise*），它描写了一位名叫理查·伯特拉姆（Richard Bertram）的男子的航海故事。他是一名造船工人，和妻子一同驾着一艘13米长的船驶向加勒比海及其中的许多岛屿，这本书就在叙述他们的旅程。我们为这名航行者的事迹以及他描述的加勒比海的白色沙滩、棕榈树和湛蓝海水感到着迷。我们两人一直在辛苦打拼，没什么时间休假，一趟航行倒是不错的放松方式，何况这是比我们青少年时开车去蒙大拿州还要刺激的冒险。我们打算出售我们的事业，心想这样我们两人都会有钱有闲去享受一番。我们相信这趟航行会很有趣，于是决定启程。

在翻遍一本游艇杂志后，我们发现了纽约的一名卖帆船的经纪人，便飞去找他，开始物色船只。他带我们去了好几座船坞，最后我们终于找到了一艘符合我们需求又在我们预算内的船。这艘“伊丽莎白号”用船架停放在康涅狄格州诺沃克的一处柏油停车场上，它是一艘近 13 米长的双桅帆船，有一根长长的船首斜桅，船舱上有三个舷窗，下层有许多空间容纳我们这两名船员。它看上去很坚固，但在战时，它一直停放在干船坞，因为直接摆放，船首及船尾都没有支撑，两端有些下垂，它的木造船体也已变干，我们没多久便发现，这会导致木头板条龟裂及进水。但当时，航海检查员告诉我们，“伊丽莎白号”没有问题，加上战后又不容易找到其他合适的船，于是我们就卖掉一架飞机，买了这艘船。

新船的状况是一项潜在危险，另一项则是除了小型快艇和布劳尔湖上的一艘小风帆之外，谁都不曾开过更复杂的船。因此，趁着杰回密歇根结束航空事业的间隙，我雇用了一名船长和船员，在往南驶向北卡罗来纳州威明顿（Wilmington）的时候，他们会顺便教我驾船。

有一晚，船长睡着的时候，我犯下了一个航行错误，把船开进了新泽西州的一处沼泽。一名讶异不已的海岸巡逻队警察说：“我以前从没见过船能开到这种地方。”我回家过了圣诞节，又和杰一起回到北卡罗来纳州停放船只的地方，在 1949 年 1 月 17 日出发驶向迈阿密。抵达后，我们筹划装备我们的船，为驶向加勒比海做好准备，至少要航行到波多黎各。离开船坞时，我对杰喊道："把张帆索丢过来！"他依言把绳索丢了过来，可是我在去船尾拿绳索的路上走得太慢。就在要解开船尾绳的时候，我赫然发现浪潮的方向改变了。我们停泊时选择了合适的方向，但当翌日我们想要离开时，浪潮已完全转向。于是我们掉转船头，将船首换到原先船尾的位置。突然，我听到轰然一声巨响，船体撞上了绑在船后的铝制小艇。小艇被撞凹了，这也成为我们首次航行失误的纪念。

通常，我们要把干燥的木船放进水里时，会先将它吊在皮带上，泡在水中差不多一天时间，这样木材就会吸饱水、变得紧绷，从而把隙缝填满。可是"伊丽莎白号"从未经历过这一流程，即使是从北卡罗来纳州到佛罗里达州的长途航行之中。我们船的水泵无法在水位升高时自动开启，把水抽出船外，所以我们必须记得检查舱底的水位，需要时就打开水泵把积水抽走。如果我忘记在凌晨3点起床去打开水泵，等到我早上五六点钟起床时，就会走在水里；而经过6小时左右，积水就会漫过甲板。这项差事无疑攸关性命，可我们乐观地以为反正这条船很小，这样能同时让船体吃饱水，好填补缝隙。抵达佛罗里达之后，我们把船拖上岸，此时，缝隙都填好了。我们还把螃蟹、蛤蛎、藤壶、海草等附在船底的东西全部刮除干净，好让"伊丽莎白号"可以最快的速度航行。

我真希望可以说，接下来的旅程是一段愉快的航行和伟大的冒险。事实却是，我们的航行压根和伯特拉姆在他书中描写的浪漫之旅无法相比，而我和杰的航行正是深受他的吸引。实际上，我们累得要命，并在怒海上悲惨地度过了好多天。驾驶这艘没有效率的船只在海洋上长途旅行是一项苦差事。想要迎着风航行的话，必须迂回向前而无法直线前进。我们辛苦了一整天，曲折航行了278米，才能实际前进93米。潮汐的变化加上码头的不同让每次停泊的状况都不一样，我们又缺乏经验，大多数白天我都在担心能否安全停靠在码头上，大多数夜晚则在担心该如何离开码头。我向来鼓励人们追寻梦想，不要担心没有足够经验或者害怕失败，但回顾这趟航行，我不得不承认，在开始一项冒险之前，我们应该做好充分准备。

哈瓦那之旅

我们经历过许多惊险时刻，险些酿成灾难，最后能安然无恙，只是因为有经验老到的人们的帮助。有一天，我们试着停靠在一个加油码头上，我们正前方有许多船只，全都朝向海岸。靠近码头时，我想让船倒驶进去，引擎此时却突然熄火，我们的船笔直地朝着一艘停泊中的船的侧面冲去。我先前提过，“伊丽莎白号”的船首伸出了一根大型的斜桅。杰把一条绳索丢向站在加油码头上的一个男人，后者抓住绳子，绕在一根柱子上，然后扯紧。幸好，我们的船侧有保险杠，在绳子快被扯断时，船才慢慢停下，没有撞上船坞或其他船。我们很幸运地避开了一场大型事故。

由迈阿密航行到佛罗里达州基韦斯特（Key West）时，船尾甲板固定主帆的装置松脱，害得我们无法控制船帆。战前就堆积在油槽里的残渣污染了汽油，引擎化油器也跟着报销了。我们在黎明时分朝着基韦斯特港口前进，引擎却熄了火。我们的船摇晃并拍打着海面，松脱的主帆噼啪作响，引擎熄火，我们只能把锚下在航道里。突然间，我们听到一阵汽笛声，看到一艘大型潜水艇从基韦斯特训练基地开过来。潜水艇并没有撞到我们，但我们后来因为在航道里下锚而受到了斥责，虽然当时我们别无选择。

不过，最大的挑战是漏水。不只船体漏水，连船舱上方的木板也漏了水。甲板漏水，冰水便会滴到我们身上。我们必须设法堵住漏洞，拿水桶接水，或者拿东西遮盖头部。我们的暖气机也罢工了，在起雾多云的冬季，大西洋冰冷的海水我至今记忆犹新。

我们从基韦斯特驶向古巴的哈瓦那，它在当时可是度假胜地。赌场、酒吧、夜总会和饭店的灯光照亮了夜晚的街道。古巴人用朗姆酒调制的饮料在哈瓦那大受欢迎。从迈阿密开过来的邮轮把美国观光客带到了古巴首府，所有街道上挤满了美国人，他们白天购物，晚上则到酒吧和赌场娱乐。我们这两个来自中西部小城的小伙子真是大开眼界！

怒海遇劫

离开哈瓦那之后，我们向东航行，走完了北古巴海岸剩下的600海里，前往波多黎各。1949年3月27日，我们大概航行了300海里才不得不承认一项事实：日落后，我启动电动水泵，要抽掉舱底大约30厘米深的积水。等我一个小时后再去检查，水位又升高了30厘米。我对杰说："水更深了，我们没把水抽干净。"于是我们拿出一台大型手动水泵，想方设法降低水位。但无论我们怎么努力都没用，水位不断升高，船进水的速度超过了我们用电动和手动水泵抽水的速度。等水没过膝盖时，我们已精疲力竭，只得接受事实，点燃一枚红光信号弹。我们已打算好，如果附近海域没有船只，我们可以驾着那艘外挂着引擎的铝制小艇，设法回到岸上。

这么多年以后，我还是想不通，我们怎么能驾着一艘漏水的船航行了那么远？我们必然是年轻而缺乏经验的，也是叛逆的。即使想到可能会在离岸5千米处下沉到深不见底的海水里死去，我记得我们仍保持着镇静。我无法好好解释这种伴随我一生的镇静感。我猜想我天生相信，不管人生遭遇何种风暴，我都可以安然度过。在我人生里每一项新事业的巅峰与谷底，这都是不变的真理。

幸好，我们当时在一条主航道上，一艘前往波多黎各的货轮"埃达贝尔·莱克斯号"（Adabelle Lykes）在清晨2点30分响应了我们的求救信号。它来得不早不晚，当时我们船首的一片木板正好松脱，海水大量涌入。货轮靠在“伊丽莎白号”旁边，船长向我们大喊：“你们是谁，在做什么？”他或许以为我们是加勒比海盗。

我回答说：“我们是在康涅狄格注册的‘伊丽莎白号’，我们要沉船了。”

明白我们是两个美国青年后，他从船侧抛下绳梯，爬到了我们船上。他建议用起重机把我们的船吊到他的甲板上，可我们的船进水后变得十分沉重；“伊丽莎白号”现在已成为航道上的祸害。他的船员只好在我们的船侧凿出一个洞，利用货轮的重量和速度碾过它，让它在折成两半后沉没。在凌晨的黑暗之中，我和杰站在货轮甲板上，看着我们冒险时用过的船只缓慢地消失在水面下。货轮上的莱克斯家族好心载我们到波多黎各，甚至把我们奉为上宾，让我们住在特等舱房里——我们是有着不幸的海上冒险故事、被他们搭救的宾客。

我们想，应该写一封信向父母报告，好让他们知道发生了什么事，却不晓得海岸巡逻队早已获悉我们被救并发出了通告，我们家乡的报纸也得到了这份通告。《大急流报》打电话给我父亲，想要知道更多信息，可我父亲知道的并不比记者多，他们只知道我们获救了，对其他细节一概不知。他们很担心，奇怪我们为什么不打电话回来。我们写了信，但是等到《大急流报》刊登报道数日之后信才寄到。多年后，当我自己身为人父，我常常感慨：“可怜的老爸老妈！他们一定担心死了。”我记得我的一个孩子在宵禁后还在外开车时，我有多么忧虑，而当时我和杰可是驾着一艘旧帆船在波涛汹涌的大海上，而且我们没什么航海经验！那时我们自以为是卓有成绩、负责任的青年，已准备好面对任何挑战；如今我才明白，对我们的父母来说，我们还只是他们的孩子。

迎接挑战，克服困难

我们的船沉了，可是我和杰还想继续我们前往南美洲的梦想。我们在波多黎各搭上要开往委内瑞拉加拉加斯的英国货轮“柚木号”（Teakwood）。由于是货轮，船长不能让乘客上船，所以他支付我们每人 1 先令，作为担任船员的酬劳。货轮抵达库拉索岛（Curacao）之后，我们决定改乘飞机去委内瑞拉，于是便下了船。移民官员不准船员离开船只，怕有非法移民进入。库拉索这个加勒比海岛屿是荷兰属地，杰便试图用荷兰语向他们解释，这反而让事情变得更加棘手，因为他们认为美国来的人绝对不会说荷兰语，所以我们一定是间谍。他们很难相信，两个 20 几岁的年轻人正在环游世界。

那名官员问道：“你们要怎么离开这里呢？我可不希望你们被困在我们的国家，要政府来救你们。”

我说：“我们有很多钱。”我们把放在钱包里的数千美元拿给他看。他扣了我们的护照，拿去向美国当局查验。几天之后，他允许我们通关，我们便买了去委内瑞拉的机票。当时的汇率让物价奇高无比，所以我们接着飞到了哥伦比亚的巴兰基亚（Barranquilla）。我们不知道这趟旅程的终点是哪里，我们只是看着一张地图，用手指一比，比到哪里就去哪里。

巴兰基亚位于马格达莱纳河（Magdalena River）河口，这条河深入哥伦比亚内陆。我们乘上了一艘从密西西比运过来的旧型轮船，它是马克·吐温时代的船，船尾有一个巨型桨轮，甲板是驳船式的，上层有客房。在前甲板上有一小群牛，是乘客们的食物。1949 年的哥伦比亚正陷入血腥内战，反美情绪高涨。我们看到了“美国佬滚回去”的标语，我们显然不受欢迎，人们与我们保持距离，就因为我们是美国人。我们逼不得已，只好去学西班牙语，因为没有人肯和我们说英语。我们带着翻译手册，用西班牙语点菜、问路和购买必需品。轮船懒洋洋地沿着河湾前进，我和杰坐在甲板躺椅上，沐浴在温暖的阳光里，看着不远处翠绿的丛林。到了晚上，丛林便成为盗匪的窝点，他们会登船抢劫乘客，所以哥伦比亚军队会在河岸上站岗布哨。

等马格达莱纳河越来越浅、无法航行时，我们便下船登岸。我们搭乘火车前往麦德林（Medellín），坐飞机去卡利（Cali），接着乘窄轨火车去布埃纳文图拉（Buenaventura）。这列像玩具一样的火车两侧有开放的客车车厢，经过隧道后，我和杰身上都是从火车头的烟囱吹进来的煤灰。我们接下来乘上一艘客货两用轮，中途停靠在厄瓜多尔、秘鲁和智利，船只卸下香蕉，再装上甘蔗和棉花。智利的圣地亚哥有着地中海型气候及友善的人们，实在太棒了！于是我们决定在那里待上数星期，在数月的旅行之后休息一下。

休养生息之后，我们又能继续完成我们的南美洲冒险，前往阿根廷、乌拉圭、巴西和圭亚那，然后飞回加勒比海，中途还去了特立尼达和多巴哥、安提瓜和巴布达、海地、多米尼加。虽然我和杰觉得其中一些国家充满异域风情，但也留下了终身难忘的感受——这些国家缺少现代化发展、繁华与便利性。我并不是在批评其他国家，而是想提醒美国人应该对自己的国家心存感恩。

我记得目睹自己的船在脚下沉没时，我心里想着："接下来该做什么？"我没有想过我会死，虽然真的差一点遭遇不测，但是迎接与克服挑战的经验在我心中激起了一股无比的自信感。我学到了遇到麻烦时只需设法解决的道理。我们还学会了绝不回头，虽然我们的船沉没了，但不代表我们的航行也结束了，我们只需改变交通方式，接受眼前既有的选择，继续前进。与此相同，机场还没盖好的时候，我们并不气馁，而是利用浮筒让飞机在河面上起降。我们的餐厅没电也不是问题，买台发电机就行了。虽然是没经验的水手，我们仍然展开了一场加勒比海上的航行冒险：我们边做边学。

多年以后，我把这些经验作为演讲《不流汗就流泪》（*Try or Cry*）的内容。道理很简单，你可以找各种借口，比如说自己没有受过良好的教育、没有优越的家庭背景，从而害怕尝试新事物或看似艰巨的挑战。你可以呆坐着、哭喊着抱怨人生的种种不公和逆境，但你也可以去尝试。大胆去尝试，如果失败了，再尝试一次。按照我的经验，流汗一定比流泪强，因为我们相信努力，我和杰在加勒比海及南美洲的冒险是我们在家乡的朋友可望而不可即的。我和杰从未停止过尝试。我们的下一项合作并不寻常，对大多数人来说甚至有些奇特，而且比较超前，但是我们想："为什么不呢？我们试试看吧。"

SIMPLY RICH

狄维士的感悟

你可以找各种借口，比如说自己没有受过良好的教育、没有优越的家庭背景，从而害怕尝试新事物或看似艰巨的挑战。你可以呆坐着、哭喊着抱怨人生的种种不公和逆境，但你也可以去尝试。大胆去尝试，如果失败了，再尝试一次。按照我的经验，流汗一定比流泪强。

SIMPLY RICH

LIFE AND LESSONS FROM THE COFOUNDER OF AMWAY: A MEMOIR

终身事业的开端，加入纽崔莱

杰一边向我介绍纽崔莱的产品，一边说：“我替我们签约加入了。”我认为这是个值得放手一搏的机会，于是我花49美元购买了两盒产品和一套辅销资料。就这样，我们加入了这项事业。

在搭乘火车、飞机、汽车和轮船游历过几乎所有南美洲国家以后，我和杰精疲力竭，但情绪高昂。我们坐在巴西里约热内卢的科帕卡巴纳海滩（Copacabana Beach）上，享受热带微风的吹拂。船沉了，积蓄变少了，未来的收入也没有着落，我们评估着自己的情况：没有大学学历，没有职业训练，也没有大量存款可用于投资。但我们曾经成功创业，也认为自己将来不会成为朝九晚五、为别人工作的上班族。

我们想要继续创业。

虽然我们心中没有明确的事业，但仍同意继续做事业合伙人。在科帕卡巴纳海滩，我们决定成立杰理公司（Ja-Ri Corporation），用两个人名字的缩写作为公司名称，杰的名字排在前面，或许是因为他比较年长。我们后来成立的另一家公司也用了这个缩写。我们觉得自己一定要去开创事业，唯一的问题是，我们下一项事业会是什么？我们在旅程中讨论过一些新事业，而且我们的旅行已为我们认为会赚钱的一门生意奠定了基础。

我和杰一直把注意的焦点放在外国，相信做进口商一定会成功。我们从海地进口了一批手工制桃花心木家庭用品，希望在大急流城贩卖。我们设法把其中一些产品卖给了商店老板，但发现零售业竞争激烈，而我们在这个行业内没有经验。我和杰的进口事业几乎无法运转，不过，这些桃花心木家庭用品还是为杰理公司创造了第一笔利润。

我们如果真想过好日子，就必须开创其他事业。我们改卖另一种木制品，但业绩反而更糟。虽然那在当时似乎是个好主意，现在回想起来，我不明白我们当时为何自认能够成功经营一家木制玩具公司。我们的大急流玩具公司开始制造及经销有轮子的木马，还拿到了专利。哪个孩子不想要一个高档的木马呢？孩子们或许喜欢，但家长们显然不打算花这笔钱，生意一败涂地。我们的最大问题是，我们刚开始生产木马，另一家公司便开始制造塑料马，他们的制造成本更低，售价更便宜。这项生意失败后，留下来的弹簧、木轮和其他零部件在库房堆放了好多年。

我们的另一项生意还不错，既能赚钱又有趣。回到美国后，我和杰惊喜地发现很多人对我们的航行充满兴趣。我们在这趟冒险旅途中拍摄了录像，便把视频剪辑成了游记。我们还撰写了一份演讲稿，搭配电影，在礼堂里对大急流城的各个民间团体播放。每卖出一张入场券，我和杰可以抽成 1 美元，有些游记影片吸引了多达 500 人。除了有收入，我们同时还锻炼了向当时已算数量庞大的听众发表演讲的技巧。我很希望那些影片能够保留到今天，好再次回顾我和杰年轻时驾着帆船游遍南美洲的情景。可是，现在没有人知道那些影片的下落，它们若不是遗失了，就是被收藏在某处，但已没有人记得。

我和杰压根不晓得，正当我们忙着赚钱糊口时，为我们开启未来成功之门的产品就在我们眼前，那是杰的父母早就在使用的东西。几十年前，人们还没有像现在这样重视维生素、矿物质和营养均衡的概念，而他的父母在 20 世纪 40 年代后期就已经在服用一家叫作纽崔莱的加州公司所生产的保健食品。这项产品没有在商店里贩卖，而是由营销人员销售。杰的一个表兄尼尔·马斯康德（Neil Maaskant）是纽崔莱营销人员，他把产品卖给了杰的父母，杰的父母则不断对我们讲起这个产品，要求杰去请那位表兄来跟我们见面，聊一聊纽崔莱的产品和事业，他认为这是我们可以考虑的创业机会。我们当时对此都很怀疑，甚至会嘲笑对方要去做个维生素推销员，但为了表达对亲戚的尊重，杰还是将尼尔从芝加哥请了过来，于 1949 年 8 月 29 日来到大急流城跟我们见面。

我说："杰，他是你的亲戚，你去和他聊，我要去约会。"

当晚我约会之后回到家，杰说："你知道吗，听起来棒极了！"他一边向我介绍纽崔莱的产品，一边说："顺便告诉你，我替我们签约加入了。"杰对我讲到了半夜，我也认为这是个值得放手一搏的机会。于是，我开了一张 49 美元的支票，买了两盒产品和一套辅销资料，里面有一些可以分发的宣传资料。就这样，我们加入了这项事业。

我觉得这个机会很吸引我，因为创业成本很低，只需用 49 美元购买两盒叫作倍立健的保健食品以及如何销售纽崔莱保健食品与建立事业的辅销资料。它的吸引力在于，我们不仅可以靠自己的销售额赚取佣金，也可以推荐其他营销人员加入事业，并从他们的销售额中抽成。我喜欢跟人面对面接触，在经营飞行课程时也证实了自己的销售才能，因此这个机会在我看来再适合不过了。

事业早期的挫败

我们开始向包括朋友、家人、邻居和熟人在内的所有认识的人说明纽崔莱倍立健的价值，我们自己也开始每日食用。我们虽然急于在这项新事业中大显身手，但我们出师不利，甚至每况愈下。我们邀请一群朋友来到我们的小屋，为他们播放一段产品短片，然后向友人们表达我们对这个机会感到多么兴奋，结果大家开始陆续离开，只有一个人留下来签了约，但没多久便放弃了。之后，生意越来越惨淡。我们好几个星期都招募不到一位新营销人员，仅卖出几盒倍立健给朋友和家人，他们可能也只是想帮我们一下而已。

事隔多年，我明白这是我和杰事业中的决定性时刻。我们刚刚开展一份新事业，涉及新产品、新领域及新直销计划。加入纽崔莱考验着我们曾经历的一切，挑战着我们的决心，并体现出了我们的性格。为什么我们会一头栽进这种非传统、未经测试的事业？我们怎么会有精力和信心拿这种不知名产品去接触潜在客户呢？我们为什么不畏拒绝甚至嘲笑呢？我也感到好奇，因为我不知道答案。我明白，对于考虑从事销售工作的大多数人来说，对被拒绝的恐惧会让人打退堂鼓。我知道，许多人受不了被讥讽或嘲笑，我相信我和杰也不例外。可是，基于我无法解释的原因，我们勇敢接受拒绝和其他所有负面反应，并继续前进。或许，经历使我们培养出了这种积极的态度。无论如何，我们具备一种化解拒绝的能力或性格，那就是埋头苦干。我想，我们也有一项明显优势，就是可以通过互相打气来克服挫败。

我们要面对很多难关。首先，家长们虽然会叫孩子把食物吃光、吃蔬菜、饮食均衡，但那个年代几乎没有人吃保健食品或谈论营养。纽崔莱直销计划还很新颖，甚至令人心存疑虑。销售人员抽取一定比例的佣金原本是惯例，可是在当时，销售人员自别人的销售额中抽成还是种新做法，这有点令人困惑。我们还有第三个问题：一根蜡烛两头烧，我们同时还在寻找其他事业，而没有专心经营纽崔莱。

但在尼尔邀请我们参加了芝加哥的纽崔莱大会之后，我们终于决定专心经营。在这 4 小时的车程中，我们讲好，假如闪电没有击中芝加哥，它或许就永远不会，那么我们也不能放弃刚起步的纽崔莱事业。在芝加哥，我们参加了一场 150 人的大会，多数人穿着正式服装，让这场集会看起来如同专业销售集团的会议。我们与把纽崔莱事业经营得相当成功的人士和刚刚加入、但热情得令我们感动的人们交谈。演讲人宣扬他们的成功，分享他们的销售策略。我开始感受到童年时父亲用“你做得到”这种正面信息为我树立的信心。

划时代的产品与经营理念

1949年年底，在开车回大急流城的路上，我和杰决定放弃其他事业，专心经营纽崔莱。如果尼尔靠着这份事业每个月可以赚1 000美元，那我们也可以。在一星期100美元就被视为高薪的时代，这可是远大的目标，但我们现在有信心和决心实现这个目标。我们非常兴奋，从芝加哥回家途中，我们在停车加油时还卖了一盒纽崔莱给加油站服务生。我们最大的障碍依然是纽崔莱产品的超前理念，当时大多数人对维生素保健食品并没有认同感，而且直销仍是一个新概念。我们就像是企图在汉堡摊旁让客人改吃素的素食者。

纽崔莱是由卡尔·宏邦博士（Dr. Carl Rehnborg）创立的，他在不同时期分别受雇于三花（Carnation）和高露洁公司，并曾在中国工作。他在当地研究了饮食对中国不同民族健康的影响。例如，那时他发现，中国的农民大量食用自家菜地里种植的蔬菜，所以往往十分健康；而不少中国人患有骨质疏松症，因为他们很少喝牛奶。他对中国传统文化和医学讲究的养生智慧十分佩服。卡尔回到加州圣佩德罗（San Pedro）后，白天兼职数项工作，晚上则开发植物性保健食品。1935年，他辞掉白天的工作，全心生产及经销他的新产品。他明白，需要向人们说明这种产品的成分及好处，他决定自己销售保健食品，而不通过商店。他自己开发客户，招募了销售人员，并把公司取名为“纽崔莱产品公司”，4年后年销售额达24 000美元。他真的走在了时代前列。

我记得那张他拿着大镰刀在他的有机农场里收割紫花苜蓿的图片，紫花苜蓿正是倍立健的主要成分之一。如今，每日食用保健食品的人都很熟悉有机、抗氧化剂和植物化学成分等用语。但在那个时候，这些营养名词只有卡尔这类拥有前瞻思想的科学家才知道。

可是，这项产品的营养本身并不能构成足以建立起庞大事业的卖点。**纽崔莱不断发展的秘密在于一种新的营销计划，即今日直销的前身。这项计划成了安利的基础，也是日后许多直销公司成功的基础，在今天涉及全球的销售额达数十亿美元之巨。**卡尔更喜欢待在他的实验室或农场里，但他也会时不时被找去在销售大会上讲话，所以他参加了卡内基课程以提升演讲技巧。在那项课程中，他结识了一位名叫威廉·卡森伯瑞（William Casselberry）、昵称为“比尔”的心理学家。比尔和他的推销员朋友李·迈廷格（Lee Mytinger）后来成了纽崔莱的客户，更重要的是，他们设计出一种新的直销计划来销售纽崔莱产品。他们成立的迈廷格与卡森伯瑞公司成了纽崔莱产品公司的销售机构。

利用经验克服困难

在开始认真经营纽崔莱事业之后，我和杰利用了播映游记影片时获得的一些经验。我们在报纸上刊登广告，邀请可能对产品和事业机会感兴趣的人们，并在饭店等公共场所预约会议室。杰负责接待潜在客户、播放投影和回答问题。他大多会解说产品的好处，我则会向人们宣扬这项事业的优点。我们终于吸引了越来越多的人。

可我们的几场早期的销售会议可说是一塌糊涂。我们在广播电台和报纸上刊登广告并分发广告小册子，希望能在密歇根州的兰辛（Lansing）举办一场大型会议。我们租借了一个有200人座位的会议室，结果只来了两个人。我一生当中从未如此难堪过，在一个有200人座位的会议室里对着两个人作正式的销售简报。在开车回大急流城的途中，杰说："如果我们做了所有努力，却无法做得更好，或许我们应该干脆放弃算了。"

我也感到很气馁，可是我不想让杰灰心丧气，于是我说："我们不能只因为搞砸了一次就放弃。我们知道这门生意能做起来。"这是我最初和外祖父一起叫卖蔬菜时学到的另一项有关坚持的经验。

我们坚持了下去，利用销售会议以及人脉向我们认识的所有人介绍倍立健和纽崔莱事业。我们的销售技巧很简单："试试看吧。大家都说吃了以后感觉好多了。你就试一年，看看有什么感觉。"在 20 次拜访之中，我们或许会找到 4 个感兴趣的人，或许有 1 个人会购买。我们总是尝试说服每个新客户购买食用 12 个月的分量，因为倍立健的效果需要一年的时间才能显现。一旦成为客户，我们会向他们说明成为营销人员的好处。所以，不仅我们自己去积极接触认识的每个人，我们的营销人员也去接触他们认识的每个人，以引荐新的营销人员。

潜力无穷的事业

随着我们的事业开始以超乎预期的速度成长，早期会议的挫败感早已消散一空。我们在大急流城的低租金区以每个月 25 美元的金额租了一间办公室作为杰理公司总部。我们在窗户上挂了块标语，上面写着："你吃什么就是什么。"有些路人问道："这么说的话，如果我吃了根香蕉，我就成了香蕉？"我们笑了，在人们更有兴趣去汽车餐馆吃汉堡、薯条和巧克力奶昔而不关心营养与健康的时代，这种反应是很典型的。

我和杰开始感受到了乐趣，并且凡事都亲力亲为。我还记得我曾去向殡仪馆借椅子，搬上旅行车后拉到我们租借的一座礼堂里，摆好椅子准备召开会议，翌日又把椅子搬回去还给殡仪馆。

做纽崔莱简报时，大约要花一小时的时间来说明产品的营养及好处。我们会告诉大家，农田的土壤在多年耕种后养分会流失、作物在被搬运及放置在货架上时营养会流失、用滚水烹煮蔬菜后维生素会流失，这些都是为了说服客户相信在他们的饮食之外必须补充维生素和矿物质。我们不会只是走到人们面前，把我们盒子上的标签拿给他们看，就要他们掏出 20 美元的钞票。我们必须成为知识渊博、具有说服力的销售员，明白自家产品的价值。大多数人会拒绝，但有些人会购买，杰甚至靠着一次推销拜访赚到了一个大奖。那时他敲响了大急流城东边的一户人家想要推销，应门的是霍克史特拉太太。我记得，杰走出那户人家时说："天哪，他们有个长得很美的金发女儿。"那位金发美女贝蒂，后来成了他的妻子。

我们最后不再挨家挨户登门推销，因为我们终于了解，这是一项人对人的事业。我们列出了认识的人的名单，请他们介绍认识的人，然后开始用预约的方式拜访客户。我们做成一笔生意后，每隔 30 天会去回访这位客户，在他们食用过 30 天的分量后，再卖给他们一盒纽崔莱产品。**我们不只是想卖一盒产品，我们的目标是终身销售——即使我们的客户一个月才买一盒。**我和杰说服客户，长期食用纽崔莱产品才能充分体会这种产品的好处，我们强调，他们应该养成终身食用纽崔莱的习惯。我们自己也在食用，到现在还是。

我们还会请人们在他们家里举行会议，邀请的人越多越好，包括朋友、亲戚、邻居、教友、同事，等等。我们建议他们告诉大家，他们要办一场会议，可以帮助他们认识的每个人开创新事业，并要让来的人知道他们自己已加入这项事业。我们邀请来群众之后，接下来的重点是找一个他们认识的人——个性格好、口才好，值得信任的人来介绍这项事业及其潜力。我们推荐的营销人员会带他们的朋友来，我们则解说产品本身。

这不是项轻松的买卖。在当时，20 美元是一大笔钱。所以，我们靠的不是价格，而是产品的高质量——它是纯天然的，用有机植物提炼而成。我们必须克服价格阻力，就像推销员要把新车卖给觉得价格太贵的人一样，他必须通过介绍新车所有的优点和驾驶乐趣来说服客户。销售向来都不容易，但是一名好的销售人员可以找出诚实而具有说服力的答案，来化解大部分成本阻力。

各种人对我们说过，这门生意不会成功，绝对无法持久。所有反对新事物的标准说法我们都听过。医生们尤其反对我们。有的医生对成为我们客户的患者说："你根本不需要那些玩意儿，那都是假的。"当然，时至今日，医学界已普遍认同应每日补充维生素和矿物质。但在当时，补充营养是不受认同的，并不完全是因为医生们怀疑这些产品的价值，或许还因为我们闯入了他们的领域。可是，一旦客户明白了食用纽崔莱产品的价值，他们其实不在乎医生怎么说。所以，他们继续食用，我们也继续销售给他们。我的父母和我同时成了使用者，杰的父母也是。我们的父母一直支持着我们。

我们现在赚钱了。我们组成了一支优秀的团队，事业蓬勃发展，又买了一辆车。60 年前，汽油大约每 3.8 升 20 美分，汽车大约价值 1 000 美元。在当时那个全然不同的世界，1 000 美元绝对是一大笔钱。

纽崔莱和美国食品药品监督管理局的官司之战

在寻找新营销人员时，我会向潜在营销人员说明他们将需要多少客户、必须建立多大的组织，才能有与我们相同的收入。为了激励我们的营销人员成功，我们必须让他们相信他们做得到。我们发现，说服他们的最佳方式是请已经加入的营销人员来分享自己的经验。或许有些营销人员会有一点结巴，并不是最佳演讲者，但他们在多数时刻都是最佳鼓舞者，因为听众里有人想着："如果他办得到，我也办得到。"

几年内，我们最初的组织便成长到 1 000 人，而且还在不断增加。我们开始每年春天在大急流城城区的市民礼堂举行大会。我们的活动发言人包括聘请的专业励志演讲家和经营事业成功的营销人员。为了进一步激励大家，我们也请人上台现身说法，说明他们如何通过努力建立他们的事业，过上了他们想要的生活。除了物质奖励，我们也讨论其他目标，包括筹措支付孩子上私立学校的学费，经营自己的事业而不只是做一份工作，或者为自己和孩子赚取额外收入以享受更好的生活。后来，我们在举办这些会议时，组织已拥有 5 000 名成员。

有时，当你的梦想正在展开、成功好像挡也挡不住时，就会出现一道难关，这就是纽崔莱和我们的个人事业所遭遇的情形。我们成功的关键之一，是使用卡森伯瑞撰写的一本题为《如何得到及保持健康》（*How to Get Well and Stay Well*）的手册，其中论证了食用保健食品以达到健康的重要性。美国食品药品监督管理局（FDA）认为手册里有许多声明都“夸大了功效”，并于 1948 年控告了纽崔莱。食品药品监督管理局完全不了解美国人的创业精神以及我们为何要销售这些产品。他们认为这些产品应该像药品一样被纳入规范。

这个案件最后在 1951 年根据“合意判决”（consent decree）达成和解，要求宣传中列出维生素和矿物质准许使用的数项功效。在那之前，政府并未正式规范保健食品可以作出何种功效展示。20 世纪 90 年代法规修订之后，保健食品业更加清楚应该如何合理宣传维生素和矿物质保健食品的好处，再加上直销业早期学到的经验，直到今日仍然是我们产品的功效展示的依据。无论如何，我们和食品药品监督管理局在 1948 年的案件掀起了轩然大波，纽崔莱事业因而大受影响。

受到食品药品监督管理局案件的影响，加州的纽崔莱公司开始实行多元化经营，在贩卖维生素之外另辟财源。他们推出了化妆品系列，但他们会直接卖给营销人员，而不通过迈廷格与卡森伯瑞公司。这项举动使得纽崔莱产品公司和迈廷格与卡森伯瑞公司之间的合约受到了质疑，即两者究竟谁才真正拥有销售机构。因此，除了因为食品药品监督管理局的争议导致业务缩水之外，我们现在还要面对公司内讧。迈廷格与卡森伯瑞跟卡尔·宏邦处不来，他们两人之间甚至也关系不佳。他们反对销售化妆品，并失去了营销人员的信任。

1958 年，迈廷格与卡森伯瑞成立了一个营销人员研究团队，试图解决问题，杰被任命为主席。卡尔·宏邦也邀请他出任纽崔莱产品公司总裁一职，薪水远高于他当时的收入。

我打电话给他说："杰，如果你想去的话，没关系。不要让我成为你的绊脚石。"

杰说："你在说什么？"

"如果那对你很重要，"我说，"不要让我妨碍你。"

他说："我们一起经营事业！我是你的合伙人！我不想撇下你去做任何事！"那是一句震撼力十足的宣言。

杰拒绝了那个职位，并对我说，自主创业以及跟我合作远比一份稳定的收入和领导纽崔莱解决问题更重要。

我和杰也有自己的问题要解决。产品销售下滑，公司内讧又危及产品供货商的生存，我们还有什么前途？我们必须考虑下面的营销人员组织，数千人依赖纽崔莱产品作为生计和未来成功的途径。不论面临怎样的挑战，我们都相信我们所做的事业是有前途的，我们未来的基础就是那些信任我们的人以及我们所提供的产品与事业。此外，我们知道，我们其实是在卖给人们一个机会，让他们利用这种独特的直销体系自主创业成功，同时帮助别人也这么做。

你想要成功，只需要有努力工作以达成梦想的决心，不论你的梦想是收入增加还是获得自主创业的自由。你不需要投入大笔资金、盖一座工厂、有一仓库的库存或雇用员工。你只需要拥有毅力、辛勤工作以及坚定帮助他人成功的心愿。我认为这种态度可以追溯到我在大急流城成长的早年。我们有浓厚的社区意识，人们互相依赖。人人都希望自己的邻居自给自足、健康幸福。大家住得很近，这促使我们结识及喜爱彼此。邻居们在前廊聊天，而不会退到围着栅栏的后院露台上。我相信我对人们的兴趣就是这样产生的，这也是我为何一辈子都喜欢与人接触的原因。虽然我很珍惜老朋友，但我仍然喜欢结识新朋友。还有什么比乐于助人以及拥有一批有才华、有志向的人们更能成就事业呢？

不论纽崔莱接下来会怎样，我和杰都知道“助人亦自助”的道理，这是我们可以经营的潜力无穷的概念。**只要公司和产品是正当的，真正的力量将来自于销售计划以及追求机会的人们的进取心和梦想。**我们相信，我们可以让这个机会变得更好，让人们的报酬更加丰厚。就在我家厨房地板上摊开来的一长串包肉纸上，我们的计划即将展开。

SIMPLY RICH

狄维士的感悟

不论面临怎样的挑战，我们都相信我们所做的事业是有前途的，我们未来的基础就是那些信任我们的人以及我们所提供的产品与事业。此外，我们知道，我们其实是在卖给人们一个机会，让他们利用这种独特的直销体系自主创业成功，同时帮助别人也这么做。

SIMPLY RICH

Life and Lessons from the Cofounder of Amway: A Memoir

| 第二部分 |

创建安利帝国

SIMPLY RICH

LIFE AND LESSONS FROM THE COFOUNDER OF AMWAY: A MEMOIR

安利的诞生

1958 年夏天，我们在沙勒沃伊举办活动，向与会者宣布了创业计划。随后，我们和出席这次活动的一些高层人士组成了美国之路协会，讨论新公司的架构。这个美国之路协会的名字有些拗口，于是我们将公司名称缩写为“安利”。

日子充满了不确定和令人担忧的气氛。我们和数千名纽崔莱营销人员的生计都依赖于加州的一个大型组织，而这个组织如今正在分崩离析。迈廷格与卡森伯瑞公司和纽崔莱产品公司正面临严重决裂，前者控制着营销人员获得报酬的销售计划，后者则是营销人员所售产品的唯一制造商。

美国食品药品监督管理局的新法规实施之后，销售成绩一落千丈，两家公司都在思索应对和弥补的方法。他们获得的一致结论是再推出其他产品，于是纽崔莱推出了以卡尔·宏邦的妻子为名的化妆品系列“伊迪丝·宏邦”(EDITH REHNBORG)。可是，迈廷格与卡森伯瑞公司只想卖面部化妆品与保养品，而不想推出全系列化妆品。他们认为这样比较单纯，营销人员比较容易管理，因为产品种类少，体积小。

迈廷格与卡森伯瑞基本上是正确的，如果营销人员只销售保养品，工作确实比较单纯，可是他们没有考虑到未来。他们没有预见到世事变幻，未来，营销人员将从制造商的中央仓库取货，而不像以前那样自己去取货。纽崔莱决定，在迈廷格与卡森伯瑞的销售人员之外，将自行销售全系列化妆品。我想，卡尔·宏邦认为，我们既然是独立营销人员，便可以跟他的公司签约，直接通过纽崔莱销售他的新系列化妆品。

基于制造商和营销人员水火不容所造成的不安定感，我和杰当时决定，我们应该自行创立一家公司，才能避开这些陷阱，保护我们的营销人员团体。我们相信在我们创业以后，至少可以继续使用先前让我们成功成为纽崔莱营销人员的直销计划和体系。我们将继续销售纽崔莱产品，但我们也明白，必须再增加一两样产品。我们长久以来一直在讨论自己创立直销公司，如今，时机已然成熟。

安利的开端

在这个人生阶段，我和杰都有必须自行创业来维持良好生活质量的个人理由。我们已经不再是两个一起去冒险的年轻光棍了，那时，我们都已结婚生子。你或许记得，上一章提到杰登门拜访了一户人家，那户人家有位“美丽的金发女儿”，杰没过多久就得知，她的芳名叫贝蒂·简·霍克斯特拉（Betty Jean Hoekstra），他们于 1952 年结婚，我担任伴郎。第二年 2 月，我和海伦·范韦赛（Helen Van Wesep）结婚，等我和杰成立这家新公司时，海伦和我已育有二子，杰和贝蒂也要抚养子女。我们在密歇根州埃达城（Ada）毗邻而居，日后，这里将成为安利公司总部。

所以，我们要考虑的不只是自己糊口，我们早已过了可以随意卖掉公司、启程去航海冒险的日子。回想起来，比起 12 年前成立飞行学校，我们现在创立新公司反而冒着更大的风险。人们会接受刚起步的直销公司吗？应我们推荐加入纽崔莱事业的营销人员会加入我们的新公司吗？我们能开发出客户愿意购买的新产品吗？如今我可以看出，我们早年的创业经历已为面对这些新的不确定性奠定了坚实的基础。假如我们没有创立那些事业、展开那次航海冒险，我不确定我和杰是否会考虑成立这么大型的新公司。

在种种不确定性之下，我们决定让我们的事业生涯跨出一大步。我们已经安排好一次营销人员的定期旅游，并决定利用这次会议的机会来宣布我们计划自己成立公司的决定。这一定会让他们大吃一惊，所以，在这次例行旅游中，我们不再使用“我猜你们一定想知道我们为什么要召开这次会议”作例行宣传。

1958 年夏天，我们在沙勒沃伊（Charlevoix）举办活动，这里是密歇根湖畔的一个风景优美的小型度假村，位于密歇根州下半岛的北端，四周环绕着湖泊、森林和山丘。我们宣布了创业计划，并向愿意加入我们的人们保证，我们会维持纽崔莱的销售系统。我们还和出席这次活动的一些高层人士组成了一个委员会，讨论新公司的架构。

我们将这个委员会的名称定为“美国之路协会”（American Way Association）。我们当时认为，美国许多人都希望自主创业，至今依然如此，这正是“美国之路”。数项调查发现，大多数美国人都有创业的强烈愿望，却很少有人能实现这个梦想。**所以，我们希望我们的新公司可以帮助人们创业，但让他们不必独自奋斗。他们将得到我们以及销售系统的支持。这也成了我们的核心宗旨**。还有什么比在自由企业体系内创立事业更像美式作风的呢？这可是从美国开国以来就存在的经济体系。美国之路协会的名称有些绕口，于是我们让委员会保留这个名称，但公司名称则缩写为“安利”（Amway）。

领导的真谛在于尊重

在那次沙勒沃伊会议上，我们开始和我们推荐的一些营销人员合作。我们一起规划，仔细讨论和检视他们的想法。这些人是独立营销人员，不是我们的员工，所以他们可以选择加入我们或者离开。他们都说会支持我们的新公司，会加入我们，尽管这一切都还未成定局。我和杰在早年创业时已经习惯被人拒绝，可是这一次，没有一个人离开那场会议，我们对他们的反应十分感激。那个核心团体中的许多人在日后数十年间成了最成功的安利营销人员，直到今天，他们的子女都还是这项事业的领导人。

我觉得，这给我们上了有关领导真谛的宝贵一课。我和杰明白我们一定要成为领导，而且必须有勇气去领导。大家都愿意跟随我们，这对我们而言意义重大。我相信，他们愿意跟随我们的事业，不只是因为他们重视我和杰，也是因为我们要求他们加入，证明了我们重视他们。直到今天，我仍坚信，真正的领导人要先尊重别人，才能真正得到尊重。

当然，那次度假会议中的一个重要议题是：如果我们想拓展产品线，应该卖什么呢？在那次沙勒沃伊之游中，我们得出了答案。我们对核心团队提及我们正在搜寻产品，请教他们的意见。我们的一位营销人员发言说，他知道有一款名叫“FRISK”的多用途清洁剂，是由底特律的一家小型制造商生产的。他认识生产这种产品的生产者,就去参观了他们的工厂,跟他们谈了谈，还带回了一些样品。我们的一些营销人员开始使用“FRISK”多用途清洁剂，还与一些客户分享，他们都很喜欢，于是我们开始订购这项产品，从底特律运送到埃达城。

我们在埃达城住处的地下室成了安利公司最初的办公室和仓库。现在，人们开车越过山丘，就会看到绵延1千多米长的安利公司总部，包括办公大楼和制造厂房，他们很可能不知道安利公司是无心插柳的情况下在这片乡间土地上诞生的。当我和杰都还单身时，我们想要物色一块土地，便把房子盖在彼此隔壁，心想我们总有一天会成家立业。我们在这座山丘上找到了一个景色宜人、俯瞰河流的地点，就决定买下两块地皮。我们买下那块地之后一段时间才结婚，而我们的妻子贝蒂和海伦都接受了这个她们无法选择的居住地。那是我们的住处，所以那个小区也就成了安利的发源地。

埃达城位于大急流城以东8千米处，至今仍是乡村社区的一个小镇。这是一个非常典型的小镇，有着廊桥和树林成行的住宅街道，商店设立在两条交叉的马路边上。我们创立安利时，这个地方在许多人眼中必然是个无名小镇，把公司设在这里或许源于我从八年级起就想过田园生活的心愿。有趣的是，当时我在上一门辩论课，有一回被指定了“乡村与城市生活的优点比较”这一题目。我选择站在乡村生活这一方，利用埃达城作为我的范例：这里有河流经过，是居住和生养子女的理想之地；它位于乡村，但又距离大急流城不远。当然，还是中学生的我根本无从得知，有朝一日我真的会在埃达城成家立业。

SIMPLY RICH **狄维士的感悟**

我和杰明白我们一定要成为领导，而且必须有勇气去领导。大家都愿意跟随我们，这对我们而言意义重大。我相信，他们愿意跟随我们的事业，不只是因为他们重视我和杰，也是因为我们要求他们加入，证明了我们重视他们。直到今天，我仍坚信，真正的领导人要先尊重别人，才能真正得到尊重。

一切从地下室开始

安利公司创办之初，我家地下室是仓库，杰家的地下室则是办公室。我们共享同一个电话号码，用对讲机提醒对方何时碰面。海伦会打字，于是承担了秘书工作，直到我们雇用一位兼职秘书作为我们的第一位员工。杰用一台史密斯·科罗娜（Smith Corona）牌手动打字机撰写销售手册和每月通信，用油印机复印，在他的乒乓球桌上装订成册。我们的销售手册越来越厚以后，杰雇佣替他修剪草坪的年轻人来做装订工作，后来他经营起了安利的第一份印刷品。我们还雇佣了另外两名员工，他们帮助我处理订单，做销售记录和发放奖金。

在地下室一间没有完工的房间里，海伦用图钉在光秃秃的墙上挂上了她的布朗尼女童军们绞染成粉红色的印花布，用那里充当我的办公室。即便是这种装潢，也无法遮掩这些事实——我们公司总部只是一间地下室、只有一张二手金属办公桌和办公椅、旁边地板上堆放着成箱的“FRISK”清洁剂。在我的记忆中，那是一段非常快乐的时光，因为我们正开始打拼事业。我那时并不指望安利能壮大到离开我们的地下室的程度，我很感恩的是能在家里拓展自己的事业，并期待安利有光明的前途。我最为感激的是海伦以及事业早期她担任的角色，她或许不知道她是怎么被牵扯到她家地下室里经营的这项事业中的，但她勇敢地参与了这项冒险。

营销人员会到我家地下室来领取“FRISK”清洁剂，我在地下室里放了一张躺椅，摊平后可以当床睡，俄亥俄州的营销人员来取货或者向密歇根州的潜在客户说明销售计划时，偶尔会在这里过夜。我们有一些订单会直接出货，基本上都在密歇根州和俄亥俄州，我们把洗衣机和干衣机拼在一起当成桌面，把要出货的订单打包。随着销量增加，我和杰明白，我们不能只是再单纯处理订单了，我们必须控制我们所销售产品的来源和质量，这意味着我们在营销人员之外，还必须成为制造商。

富顿街是通往埃达城的公路，距离我们的住处不到 2 千米，这条路上有一座白色砖砌加油站，泥土停车场上有两座加油机。这间加油站向农民销售汽油，同时也维修农用机械。我们买下了这座 18 米 × 12 米的建筑和 8 000 平方米土地，把我们的加工厂搬了过去。我们还决定再买下毗邻的同样大的地，因为那时我跟杰说：“我们有一天或许需要更多的停车位。”这座建筑内还有空间可作仓库以及我们的办公室。屋后有一间浴室，再摆上一张床，就成了我们第一批员工中的一位年轻人的住处，他当时管理着我们的第一座仓库。我们又雇用了附近一位年轻人来帮我们做油漆招牌。他给建筑物漆上了“AMWAY”字样，后面加上了“日用与工业用品”，甚至还有美国之路协会的标志。这是我们的第一家实体公司，我们在此地生产第一种产品后，营销人员来取货，路过的人们都注意到，这里开了一家新公司。

领先趋势的产品和销售模式

我们没多久就把“FRISK”改名为“L.O.C.”（Liquid Organic Cleaner），结果第一项产品出师告捷，奠定了安利引进更多产品的基础。这种清洁剂是用天然椰子油提取物制成的，没有使用煤油等石化产品。早期的宣传手册还表示，L.O.C. 可以用来清洗蔬菜。它还具有独特的清洁功效，可去除其他产品无法去除的泥土与污垢。它是一项优质的清洁产品，卖得很好。在那个时代，人们刚开始对天然及有机成分感兴趣，石化产品的名声则越来越差，例如磷酸盐会污染水体，厨房水槽和洗衣机排出的废水会在溪流中起泡，被指责为破坏环境、伤害野生动物的元凶。我们的产品是可降解的，我们还使用了浓缩配方来减少出货及储藏体积，同时也减少了包装材料，数十年后，大家才真正懂得欣赏我们这项环保方面的优点。我们的第二项产品是名为“SA8”的洗衣液，同样使用了生物可降解表面活性剂，也是浓缩配方。像领跑营养学界的纽崔莱产品一样，安利产品也领先于环保趋势。

为了符合“美国之路”主题，安利的包装设计采用了红、白、蓝三色。结果，批评者指责我们用美国国旗来包装产品。安利的标志很简单：“AMWAY”字体设计得好像刚从打字机上拿下来似的，包装上也写有原创宣传语——“你家门口的家庭清洁专家！”

在增加数种家庭用清洁产品之后，我们很快被称为“肥皂”公司，或许也因此遭到了一些人的批评。我被要求澄清我们的策略，于是我告诉营销人员：肥皂。**为什么安利要卖肥皂？很简单，因为每个人都要用肥皂。用完肥皂后，他们会继续购买。他们不需要样品便能了解肥皂，他们购买这项产品也没有风险，因为它附有令人满意的保证。**但即便是像 L.O.C. 这么单纯的产品，我们依然鼓励营销人员亲自使用，并向潜在客户证明这种产品有多么好用。杰甚至撰写过一份销售文件，题为《神奇的“FRISK”故事》。

我们对营销人员说，不要只对潜在客户说安利产品有多么好，还要向他们证明。向朋友介绍产品，并让朋友亲自体验产品及送货上门，客户都可以增加对商品的认识，我们认为这是安利事业风格的特点。

随着 L.O.C. 浓缩多用途清洁剂和 SA8 多效倍洁洗衣液逐渐畅销，加上包括擦鞋喷雾、混凝土地板清洁剂、家具亮光剂和汽车蜡在内的新产品的引进，我们的制造业扩大了规模，但我和杰仍然必须四处奔波，招募新营销人员。20 世纪 60 年代初期，我参加了从纽约到华盛顿州、从得克萨斯州到加拿大曼尼托巴省（Manitoba）以及中途各州的营销人员会议。我们的重点是寻找可能很快成为营销人员的客户。签下新营销人员时，我们很开心；找到一名客户时，我们很开心；营销人员找到他自己的客户时，我们也很开心。

SIMPLY RICH

狄维士的感悟

我们对营销人员说，不要只对潜在客户说安利产品有多么好，还要向他们证明。向朋友介绍产品，并让朋友亲自体验产品及送货上门，客户都可以增加对商品的认识，我们认为这是安利事业风格的特点。

“传承计划”和“奖衔”的激励

从我们自己做营销人员时期的经验出发，我和杰明白，可对迈廷格与卡森伯瑞公司设计的销售计划加以改进，以改善营销人员成就销售团队所获得的报酬。在多次讨论并询问营销人员的意见之后，1959 年，在我家厨房地板上，我和杰展开了一大卷包肉纸，开始用图表列出给予销售额可观的营销人员的一份独特计划。我们的计划合理地给予营销人员报酬，不只是根据他们个人的销售额，更扩展到了他们帮公司推荐的营销人员的全部销售额上。

想象一下最后加入安利推荐体系的人数，你便能明白为何需要把卷筒包肉纸从厨房地板一直滚到大厅了，因为我们要写个没完。你也可以想象我和杰坐在地板上用图表列出这个复杂计划时的情形，当然，那是在 1959 年，我们绝对想不到数百万营销人员的报酬需要动用尚未被发明的高级计算机。不过，我和杰依然有着远大的梦想。

我们的计划是要把佣金一层一层往下推移，让佣金推移到第 200 层或者一项事业所能达到的最多层级。我们梦想着有一天，安利推荐体系的一条线上就有 1 000 人。那么佣金最后会在哪里停止呢？我们需要一整卷纸把它写下来才能知道。

我和杰把我们的计划称为“传承”（pass-through）体系。“传承”计划是我们事业的基石，根据营销人员的销售额及其推荐的营销人员整体的销售额按比率分配，用以确保营销人员获取报酬的方式是公平的。除了这项计划，我们也和委员会合作，拟定各个推荐与业绩成就等级的奖金。我们建立起例如“明珠”、“翡翠”和“钻石”等等的奖衔制度并沿用至今。我们需要一套有意义但简明的奖励制度。我们打算在营销人员达到每个新的成就等级时授予他们奖衔，所以宝石的名称很合适，并且可以让表彰增添光彩。

安利早期的吸引力与今天的一模一样。人们受到自主创业的吸引，只需几美元的创业资金就能拥有开发出巨大潜力的机会。他们不需要投资于制造业或置办仓储库存，便能简单拥有数百种可以销售的产品。他们可以因帮公司推荐、培养了新的销售人才而获得利益。

最后，他们拥有的事业有朝一日可以传承给自己的子女。所以说，假如安利有任何成功秘诀，我想那就是我们对人们以及他们靠着努力与才华去实现梦想的信心。我无法表达对这些早期的营销人员有多么感激。但是回想起来，我对他们感到敬佩不已——他们对一家新公司的肯定，他们对我和杰的信任，他们在面对拒绝时的坚韧不拔。我对他们每个人充满感激，并对他们前来加入我们而感到幸运。

SIMPLY RICH | **狄维士的感悟**

安利早期的吸引力与今天的一模一样。人们受到自主创业的吸引，只需几美元的创业资金就能拥有开发出巨大潜力的机会。他们不需要投资制造业或置办仓储库存，便能简单拥有数百种可以销售的产品。他们可以因帮公司推荐、培养了新的销售人才而获得利益。

最后，他们拥有的事业有朝一日可以传承给自己的子女。所以说，假如安利有任何成功秘诀，我想那就是我们对人们以及他们靠着努力与才华去实现梦想的信心。

SIMPLY RICH
LIFE AND LESSONS FROM THE COFOUNDER OF AMWAY: A MEMOIR

营销人员，安利最好的代言人

营销人员带他们的客户到“安利展示车”上参观安利的产品，介绍制造的流程并进行示范。这辆展示车或许对我们的业务提升没有太多帮助，但它向代表一家默默无闻的公司在外单打独斗的营销人员们证明，背后确实有股力量在支持他们。

常常有笑话警示人们不要落入佛罗里达州房地产的推销花招之中，因为你有可能买到沼泽地。在我们职业生涯的这个时期，我和杰已经聪明到不会误买未考察过的房产，可是我们却决定买下冲积平原上一块并非沼泽地的低地。这块在长时间内分区域买下的土地，最后成了安利公司的总部。

在我们位于埃达城的住宅不远处，就在穿越乡村的主要公路富顿街的前方，有 120 公顷空地。我们最早买下了旧加油站的一小块地，它成了安利生产基地（Amway Manufacturing Corporation）。我们当时没有想到，随着安利的不断成长，我们将来有一天会需要买下这整片 120 公顷土地。幸好这片土地并不适合开发，在我们买下它之前多年里一直是片空地。这片土地沿着格兰德河伸展，大多属于冲积平原，并不适合兴建大楼。所以，我们在扩张时，必须先挖出一些泥土去回填每一个建筑工地。挖掘泥土留下的大洞后来灌满了水，此后便成为所有安利员工口中所称的“安利湖”（Lake Amway）。

我们于 1960 年搬到了旧加油站上的建筑物里，一年之内，便在为停车场预留的 8 000 平方米土地上动工兴建新楼。我们盖起了第一栋办公大楼，大楼有着石板和玻璃窗，当时还成了一处景点。我们的交流刊物《安利新姿》（*Amagram*）的标题是：员工搬进了以玻璃与石头为主体、令人惊叹的新办公室。

我们在正面竖立起一块巨型招牌，用红、白、蓝三色写上了新标志和口号。趁着这个机会，我来到大急流城的世楷（Steelcase）办公家具经销处选购了第一套崭新的办公桌和办公椅。我们的第一栋办公大楼至今仍在埃达城安利园区，这个园区如今已在富顿街上延伸出近 2 千米长。在这个巨大园区之中的某个地方，隐藏着当年那个旧加油站的一道墙面。

遵循制度，信守承诺

兴建第一栋办公大楼是一项关键决定。当时我们心想，我们已盖好了最后一栋主管办公大楼，这座高水平建筑将可永久满足需求，将让我们一劳永逸。我和杰都才 30 几岁，就已经盖了一栋在当时颇受瞩目的建筑物，我们感到相当自豪，这是我们职业生涯中的一个里程碑。这栋大楼也是安利的实体代表，以及我们不断成功的象征。我和杰的办公室就在彼此的隔壁，还有一间紧邻的会议室。业务蒸蒸日上，这表示我们必须继续盖房子，于是我们维持原计划，把行政大楼盖在富顿街对面，仓库和制造工厂建在后排。最后，包括喷雾剂、粉剂、液体、化妆品和塑料瓶的制造工厂、研发大楼、发货及运送中心以及容纳数千名员工办公的行政大楼拔地而起，安利的建筑物总面积达到了 40 万平方米。安利的第一个全年销售总额为 50 万美元；3 年后的 1963 年，销售额则为 2 100 万美元。

有一次，我发现有一名导览人员对访客说：“我们能轻而易举地实现 1 亿美元的销售额。”我把他拉到一边，说：“等一下，这个行业从来没有人达到过 1 亿美元。所以，我们在这里说话还是要小心一点。”我不能动摇他的信心，但我告诉他：“现在不要过度吹捧自己。我们只谈论已有的成就，而不是你预想的。请你不要再提那个金额了。”1970 年我们确实突破 1 亿美元大关之后，我和杰终于承认，这个事业可能会相当庞大，我们需要扩大构想和规划来顺应其成长。事情发展得太迅速了，我不记得自己在销售数据上花了很多时间。我们真正花时间的事是聘请各方面专业人士，从会计到研发人员，来帮助我们扩展事业。

那时候，我们的营业收入全部再投资于事业拓展。我不记得我曾在自己身上花过很多钱、向别人炫富或装成大人物。我们依然拥有想过好日子从而努力打拼的创业者的自知之明。

我父亲退休后，成了安利的第一位导览人员。当时我们只有不足 4 平方米的办公空间，屋后有不足 6 平方米开放的混凝土空地，原料堆放在外面。我们没有密闭式的仓库，因为盖好了墙就没钱盖屋顶了。我们用防水布盖住一桶一桶的原料，再把原料运进工厂，配比混合后做成 L.O.C.（或是其他什么我们当时生产的产品）。在那个早期阶段其实没什么好参观的，我父亲来担任导览人员，是因为总会有营销人员和其他人进来，想参观安利的运营，所以我父亲会陪他们参观，说明我们的流程。对我来说幸运的是，我父亲在 59 岁因心脏病发作去世前，他看到了这家公司的成立。一路走来，他一直鼓励着我。我永远不会忘记当年他对我说过的话。他仔细考虑了要向我表达的意思，花了好几分钟确定我会了解他这番话的重点。

“这个事业真的越做越大了，”他对我说，“它会成为一番大事业。你对这些人许下很多承诺，包括未来的发展和你们要做的事。不要忘记，你必须履行这些承诺。你必须信守承诺！因此，我要你记住答应别人你会做的事，并确定自己会着手去做。这项事业发展得很快，将来的规模会很大，你现在做的事和制定的制度会在将来体现出其重要性。上天很眷顾你，所以你要为自己的诺言负责。”

打响知名度

我十分珍惜父亲睿智与关怀的话语。他深思熟虑过，并要我们坐下几分钟，告诉我们他对这项事业前景的感受，以及遵守诺言的重要性。遗憾的是，他未能亲眼看到安利获得巨大的成功。但我向来都知道，他十分以我为荣，因为他是这么告诉我的。我想他以我为荣，纯粹是因为我有信心和能力，实现了他希望我自主创业的梦想。

身为人父，我现在已经明白，告诉子女我以他们为荣是多么重要的一件事。我们的骄傲给了他们信心去面对挑战和迎接成功。我永远无法偿还对父亲的亏欠，我感谢他在我人生中扮演了单纯却了不起的角色，鼓励我，让我明白他以我为荣。我一直希望我对自己的子女能起到同样的影响。

安利正在急速发展，人们逐渐注意到安利的成功，安利已成为美国家喻户晓的品牌。我想我第一次感到吃惊的是保罗·哈维（Paul Harvey）希望来安利参观。20 世纪 60 年代初，保罗名气很大，他的《保罗·哈维新闻与评论》（*Paul Harvey News and Commentary*）节目每天在全国范围内的广播电台播放，拥有庞大粉丝群。他在广播中朗读的节目赞助商的广告也令人印象深刻。

安利在那个时候没有广告代理商，可是我们喜欢保罗·哈维，并考虑赞助他的广播节目。保罗前来拜访时告诉我和杰："你们说安利是在地下室创立的，那个地下室在哪里？"我打电话给海伦说有客人来拜访，好让她先行准备。我们开车载他到我家，带他下楼到那个最初的办公室和安利仓库的角落里的房间。他喜欢两个年轻人一起创业的故事，觉得很有趣。我们开始在他的节目上做广告，由保罗亲自撰写广告文案并在广播中朗读。他会偶尔即兴发挥，讲述公司的故事，并不忘美言几句。

事实上，我们的第二个宣传语就是保罗想出来的。有一次在播广告时，他即兴说出一句：“不出门就能购物。”（Shop Without Going Shopping.）1964年起，我们就把这句宣传语印在了安利标志旁边，并沿用了几乎20年。保罗协助扩大了我们的事业，同时他多次在安利大会上发表演讲。每次他上台时，他的服装都无懈可击。我们知道他刚刚搭乘私人飞机飞行了数小时，有一回，我们问他是如何维持仪容的。答案是什么呢？保罗告诉我们，在各个会议之间穿梭时，他会脱下长裤挂起来，那么长裤就不会有皱褶，他会在降落之前再把长裤穿回去。我和杰很喜欢拿他坐飞机时穿着男式短裤的事开玩笑。

另一项打响安利知名度的宣传，是在《星期六晚邮报》（*The Saturday Evening Post*）上刊登广告，里面有诺曼·罗克韦尔（Norman Rockwell）[①]绘制的我和杰的肖像。我们主要在《星期六晚邮报》上刊登广告，因为我们跟当时这本杂志的老板们是朋友，他们鼓励我们登广告，并请罗克韦尔用我们提供的照片替我们画肖像。

如同保罗·哈维在20世纪60年代初期为安利美言是件了不起的事，我认为《星期六晚邮报》刊出罗克韦尔所画的肖像更为安利的故事增添了光彩。我们也赞助过20世纪80年代初期由鲍勃·霍普（Bob Hope）担任旁白的一些广播和电视节目，不过我想我们到头来终于明白，安利营销人员才是我们最佳的代言人。

安利的新营销人员数量不断增加，他们又推荐了更多营销人员加入事业。我和杰明白，除非这批营销人员生力军有更多产品可以销售，不然，我们的事业很难真正发展。因此，产品开发成为拓展事业的重点。我们最初销售的是家用清洁产品，因为大家都要用，而且很快就会用完，便可带动人们持续购买。我们推出的每样产品都增加了销售额。但是，营销人员把既有的产品

① 美国20世纪早期的重要画家及插画家，作品横跨商业宣传与爱国宣传领域。——译者注

都卖给客户之后，他们接下来要如何提升业绩？所以，安利一直在努力推出新产品。我们成立了一个专门负责研发新产品的部门。在安利成立的前 8 年，我们在全美各地销售了 100 种不同的产品。

质量独特又附带满意保证的一系列优质产品，让没有店面或公司大楼的营销人员得以成就一番事业。当安利只有位于乡村的一家小工厂与办公大楼、在西密歇根以外没人认识的时候，产品也成了一种宣传方法。

当时的普遍反应是："有谁听说过埃达城？有谁听说过安利？"于是我们想出了一个有趣的办法。我们从大急流城一位熟人手中买下一辆大巴，把它漆成红、白、蓝三色。我们还写上了"安利展示车"和"清洁家庭的独特概念"（Unusual Ideas on the Care of Your Home）的宣传语。大巴会向好奇的民众显示"欢迎光临，免费参观"字样。

我们请一位司机开着这辆大巴巡回于全美各地，停在市区街角或其他交通繁忙的地段。营销人员会带他们的客户过来参观安利的产品，介绍产品制造流程并进行产品示范。现在回想起来，我不确定这辆展示大巴对我们的业务究竟有多大提升作用。**可是，这辆外观奇特的大巴向代表一家默默无闻的公司在外单打独斗的营销人员们证明，背后确实有股力量在支持他们。**

为了让营销人员创造好业绩，我们明白他们必须有好产品可供销售。这辆大巴是安利竭尽所能来帮助他们经营事业的方法之一。我们一直相信，如果他们能做得更好，我们也就能做得更好。营销人员会说"没人认识我，没人听说过这家公司，他们怀疑我们是否确实存在"这样的话，而这辆大巴就是向他们证实安利的确存在的一个方法，也是重要的销售和营销工具。回想起来，我和杰一直都在设法协助营销人员，以回报他们对我们及安利的支持。毕竟，他们是在我们身上冒险。**营销人员的生活维系于安利的成功及茁壮；而安利依赖他们的成功以协助我们成长。我们不能让他们失望。**

我们还考虑过为营销人员设置固定的送货路线。我们心里依然在想，要把安利事业做好的话，就要像社区送奶员一样，定期拜访同一批客户。这种想法引发了有趣的讨论："安利是卖产品的还是做直销的？"随着安利的发展，我们明白产品固然重要，直销事业的吸引力也同等重要。安利的特点在于营销人员是通过销售产品和推荐新营销人员来建立他们自己的事业的。于是我们拟定规则，指导营销人员在建立事业的同时兼顾销售和推荐。

为了协助营销人员成功，我的主要工作是在全国各地举行会议。举例来说，凤凰城有一位营销人员要在他家里和几名潜在客户开会，我就会前往凤凰城，为他们邀请的客人举行一场招募座谈会。我会讲述安利的故事，并希望这些出席者能够签约加入。出席座谈会的人数从个位到几十，甚至会达到几百，视安利在该地区的影响力而定。我们早期的成功亦依赖纽崔莱营销人员，他们有意加入安利事业。这对于我们跨出埃达城、建立起全国事业有很大帮助。

我们建立安利事业的方法正是我们建立纽崔莱事业的方法——由一个人展开人际网络，然后不断扩展。安利史上一些最成功的营销人员最初就是我和杰推荐的纽崔莱营销人员，他们后来把安利推荐体系的人数扩展到了数万。

SIMPLY RICH

狄维士的感悟

产品固然重要，直销事业的吸引力也同等重要。安利的特点在于营销人员是通过销售产品和推荐新营销人员来建立他们自己的事业的。于是我们拟定规则，指导营销人员在建立事业的同时兼顾销售和推荐。

“以人为核心”

在早期，我们推荐了沃尔特·巴斯（Walter Bass）加入安利。我们认识时，他是大急流城最大电台之一伍德电台的销售经理，正在一家饭店的地下室接受他的理发师弗雷德·汉森（Fred Hansen）的服务。沃尔特推荐弗雷德和他的妻子加入了安利事业。后来，汉森夫妇搬到俄亥俄州库雅霍加瀑布去销售拖车房屋。沃尔特和我开车过去，在他们家客厅与大约6个人举行了一场招募座谈会。汉森夫妇接着推荐了为他们送牛奶的杰瑞·达特（Jerey Dutt），达特又推荐了他的同事乔·维克多（Joe Victor）加入我们。杰瑞还认识在纽约州罗马市一座监狱工作的查利·马什（Charlie Marsh），就推荐了他。所以，这些早期的活动与人脉不仅催生出安利史上一些最成功的人士，还把安利的活动范围由密歇根州扩大到俄亥俄州及纽约州。

安利事业从俄亥俄州库雅霍加和纽约州罗马市散发出的力量实在很惊人。事实上，库雅霍加的会议后来扩大到数千人，大到我无法不参加。海伦到现在都还会唠叨，因为在我们结束蜜月回家的途中，我还坚持停车去参加库雅霍加的一场会议。

在俄亥俄州的另一场会议上，安利的另一项重要传统得以确立。我受邀在坎顿市（Canton）的一场会议上介绍杰瑞·达特，出席的大约有三四千人。我先介绍了杰瑞，又介绍了他的妻子。杰瑞后来把我拉到一旁说：“你介绍时说错了。应该说‘杰瑞与伊莲·达特夫妇’。我们应该将伊莲看作这项事业的平等合伙人。”这真是一个好建议。直到今日，我们在口头介绍和书面表达时都用这个方式介绍参与这项事业的所有夫妻。顺带一提，杰瑞和伊莲在1964年成为安利第一批“钻石”营销人员，这在当时是安利事业的最高成就等级。

有时候你根本无从知道，你如何或在何处的小型座谈会上播下的种子何时会开花结果，我先前提到的那场凤凰城的小型座谈会就是一个很好的例子。过了一阵以后，我到加州纽崔莱公司总部附近参加一场座谈会。一个曾经参加凤凰城座谈会的人从旧金山坐大巴过来出席。他在会议室外徘徊时说："我不知道能不能进去。"

我问他："你想加入这项事业吗？"

"想啊。"他说。

"那么，请进吧！"我说。

那次座谈会结束后，他签约加入，并开了张支票买了创业所需。他离开时对我说："请等到至少星期一之后再兑现那张支票，因为我要等到那时才能回到家，把我的薪水存进去。"

我第 2 次经过他所在的地区时，在他家车库举行了一场座谈会。他们在 SA8 洗衣液的箱子上放了木板，充当大约十多人的座位。那是我们第一次在北加州办座谈会，这也是弗兰克及丽塔·德莱尔（Frank and Rita Delisle）夫妇的事业开端，他们由银行账户余额不够支付一份创业所需开始，最终建立起一个庞大的营销人员团体。

那段时间，我很多日子都在出差，没办法跟家人在一起。但我没把出差和与营销人员开会当成工作。这当然又是我热爱与人接触的天性在作怪。我就是着迷于认识这些热心积极的人，并敬佩他们在全国各地建立庞大事业的进取心。我从未忘记，他们才是事业核心。

纽崔莱与安利合并的契机

1972 年，我们的事业蒸蒸日上，年销售额达到 1.8 亿美元，唯独有一件事需要解决。我们以前是纽崔莱营销人员，所以明白，如果想保持这种增长速度，安利需要拥有一个营养保健食品系列。我们很清楚纽崔莱生产的营养保健食品是最好的，于是跟他们联络，想看看他们是否有意出售。我和杰在20世纪50年代销售纽崔莱的产品时，曾认为这是一家大公司。可即使到了1972年，他们的年销售额仍然只有2 500万美元，与安利的业绩相比，纽崔莱已不再那么巨大。

我们去找卡尔·宏邦谈，告诉他："我们想把你的全系列产品纳入我们旗下。你怎么看？"他在吃惊之余说："我们好好谈谈。"卡尔雇用了一个主管团队帮忙经营公司，可是纽崔莱的事业已大不如前。他聘请的公司主管不懂该如何让公司发展，所以他们认为出售公司值得考虑。我们提出一个觉得合理的价格及一套合并方案，并前往加州签约。卡尔和他的家人及一些公司员工招待我们去他的俱乐部，庆祝纽崔莱公司被纳入安利旗下。

但是，当我们面对纽崔莱产品的主力营销人员时，却要面对严酷的事实。安利成立13年以来，市场上的竞争越发激烈，一些纽崔莱营销人员后来变成了安利营销人员。纽崔莱有些人认为是我们抢走了他们的事业，偷走了他们的营销人员。所以，对参加会议的这批纽崔莱主力营销人员来说，我们不是安利公司，而是"该死的安利"（Damnway）。我们抵达会议室时，里面有大约200名被公司叫来参加这场特别会议的纽崔莱营销人员。卡尔的儿子山姆一直与父亲密切配合经营事业，他宣布纽崔莱公司已被出售，买家承诺会维持营销计划，甚至加以改善。

然后，他介绍了新东家——我和杰。

虽然我不记得有嘘声，却记得没有人鼓掌。他们相当讶异。我到现在还记得那场会议：我和杰孤零零地站在这群人面前，承受他们冷漠的目光和怨恨的表情。那一天，我们在那里没有什么朋友。我们告诉他们，安利计划如何合并两家公司，以及打算如何接收所有人马。万一发生冲突，我们保证会好好解决。我们说，安利将为他们打造更好的事业。但那次会议真的进行得无比艰难。结束后，有些人来找我们谈，我们向他们介绍安利事业，还有目前的运营状况。他们大多无法相信安利已有如此的规模和成就。

以信念和努力跨越障碍

我的工作就是出差——做简报、参加或主持会议、在营销人员座谈会上演讲。我通常会安排一趟全国巡回的行程，在拥有足够多营销人员的城镇停留。营销人员会定期举行座谈会，我则受邀担任嘉宾。这让我想起杰瑞·达特有一次请我在库雅霍加一场大型会议上讲话时对我说的话。

我说："你希望我说些什么？你要我谈安利吗？"

杰瑞回答："不。请你谈自由和自由企业，那才是我们想听的！我们都知道安利了，可以自己分享故事。但请你告诉我们，我们为何要做这项事业？我们为何要努力工作、自行创业？为何这对我们极为重要？我们希望感受到我们正在通过帮助别人，让这个世界变得更加美好。"

那就是我当时讲话的主题，并且从此成为我向营销人员演讲的核心主旨。只需要一点资金，加上努力打拼、自行创业的远大志向，你便能成功。听起来真像在说安利营销人员，不是吗？这些谈话成了我最值得纪念的演讲的框架，其中包括《四个阶段》（*The Four Stages*）、《不流汗就流泪》和《四道风》（*The Four Winds*）。

这时，来了个晴天霹雳。1969 年夏天，我们全家在北密歇根的船上避暑，当天深夜我接到电话，说喷雾剂工厂爆炸起火了。杰当时在家，他后来说他以为听到了音爆[①]。7月的夜晚，那场爆炸将埃达城的天空染成了红色。翌日清晨我们飞了回去，喷雾剂工厂已被夷为平地。不幸中的万幸是无人死亡，被烧伤的17名员工经过治疗后也全部出院。消防队控制住了火势，没有波及园区内其他地方。

正如在帆船沉没后继续旅行、早期销售纽崔莱产品时屡遭拒绝仍不放弃一样，我们决心振作起来，重新开始。时隔多年，我们还会对营销人员讲述这次教训。我们没有别的选择，我们要履行承诺。父亲告诉我要信守对那些依赖安利的人们许下的诺言，直到今日我都没有忘记他的忠告。

除了兴建数百万平方米的大楼以及开发数百种产品以外，安利的成功与精髓仍然源自人才以及众人合力所取得的成就的基础上。有一段时间，我们以为新的安利事业纯粹是要开发和销售产品。我们后来才明白，优质的产品固然重要，但让营销人员一直坚持的还有其他更重要的原因，比如靠着努力、毅力和自信成功创业的信念。那正是在早期座谈会上，营销人员希望我不仅谈论安利事业，更要谈论乐观与毅力原则的原因。我告诉他们："你们做得到！我相信你们！"**安利发展的动力向来源自相信自己办得到、相信别人也办得到的人们。**正因如此，安利营销人员的人数急速增加，由密歇根州埃达城扩展到俄亥俄州库雅霍加，再到纽约州罗马市，再到加州，最后遍及全世界。

基于强大的信念与努力，工厂遭遇火灾根本不会阻挠我们的步伐。此时，克服挑战已成为我们生活和经营事业的一部分。但在那个时候，我们压根没猜到，安利将面临及克服更加巨大的挑战。

① 飞行器速度接近音速时产生的强大阻力会使飞行器发生强烈震荡、速度衰减，这一现象被称为"声障"。"音爆"指飞行器超越声障时发出的巨响。——编者注

SIMPLY RICH

狄维士的感悟

那就是我当时讲话的主题，并且从此成为我向营销人员演讲的核心主题——自由美国的机会。只需要一点资金，加上努力打拼、自行创业的远大志向，你便能成功。听起来真像在说安利营销人员，不是吗？这些谈话成了我最值得纪念的演讲的框架，其中包括《四个阶段》、《不流汗就流泪》和《四道风》。

SIMPLY RICH

LIFE AND LESSONS FROM THE COFOUNDER OF AMWAY: A MEMOIR

60 分钟，重塑安利声誉

知道要制作安利特辑后，我们主动邀请《60分钟》栏目组来到安利，对他们表示了欢迎。凡是有梦想、敢于与众不同或尝试新事物的人，总会招致批评，但我们将其视为安利名声远播的一环，顺利挺过风暴，继续前进。

有一句荷兰古谚语是这么说的："最高的郁金香会被剪掉。"在惊人的成长之后，安利已经成为人们不得不留意的力量。有人或许会好奇，这家独特而又成功的公司究竟是做什么的，有人甚至想铲除我们。1975 年，安利的全年营业收入已达 2.5 亿美元；海外市场扩展到了澳大利亚、英国、德国和中国香港地区；有属于公司的一艘游艇和喷气机队；在家用产品和纽崔莱系列之外，还推出了化妆品牌雅姿（ARTISTRY）、皇后牌厨具（Queen）和个人护理品牌丝婷（SATINIQUE）。1959 年，我和杰趴在厨房地板上用长长的包肉纸为新创立的公司规划新颖的销售计划时，我们早已想到，它有一天会受到怀疑者的审视。毕竟，我们在 10 年间开创了理念新颖的纽崔莱产品，还接受过食品药品监督管理局的调查。

安利发展得十分迅速，并开始受到瞩目。人们不清楚这种"你推荐给某人，那个人再推荐给别人"的事业是如何运作的，他们也质疑我们的合法性。在众人眼里，安利不是一家通常意义上的公司，更像是一位邻居，销售安利的产品。因为这种多层次的销售手法，一些人误以为这种事业和"老鼠会"[①]本质相同。

这种怀疑心态在 1975 年变成了实际行动，美国联邦贸易委员会（Federal

① 1964 年成立于加利福尼亚州的"金字塔销售计划"组织，是通过对"直销"进行歪曲以牟取暴利的骗局。——编者注

Trade Commission）对安利提出了正式控诉。该委员会指控安利的销售计划是一种“金字塔销售计划，让营销人员无限制吸引其他营销人员……终将失败”，其中包含“令人无法忍受的欺骗的可能性”。他们宣称安利设定价格，告诉营销人员以何种价格销售产品，又表示安利限制营销人员活动，禁止他们在零售商店内销售产品，并指控我们对成功的潜在机会做出了不实的陈述。

第一个打击：美国联邦贸易委员会的指控

这些指控让安利的前途岌岌可危。可是，我们知道自己行得正、坐得端，所以我们的第一个反应是—— 一定要反击！在接下来的两年半里，包括在其中有行政法官出席的长达6个月的听证会上，我们全力反击。你很难打赢政府，因为他们有无穷的时间和金钱，律师能够一直纠缠于诉讼。律师传唤我的时候，拿出了安利前营销人员提供的证词来质问我，他们说曾得到一个月赚1 000美元的保证，却一毛钱也没有赚到。

为使案件成立，联邦贸易委员会的第一个动作是询问安利所有营销人员的姓名。他们寄信给营销人员，请那些没有实现梦想的人提供证词，一些人非常乐意配合，联邦贸易委员会掌握了一批因为各种原因而心生不满的前营销人员。他们挖出对安利不满的人，从中搜索出他们认为可以在法庭上给我们迎头痛击的最好的证人。

在前营销人员作证时，我会对我的律师说：“问问他之前在做什么工作，现在又在做什么。”在大多数案例中，他们的生活都改善了。他们或许没有留在安利，可最后还是享受到了尝试自行创业的好处，而且过得比以前好很多。事实上，在被问到时，他们都承认，自己的生活好多了。我们的律师问他们何以如此，他们坦承，那是因为安利指导他们如何经营事业、销售产品、设定目标、自我激励以及与人合作。听到这里，我们的律师会说：“谢谢你。辩方不需要进一步质问了。”我们证明，安利推崇“努力才会成功”的观念，而且即使没有做好安利事业，或是没有留在安利，这些人都大幅改善了自己的生活。

联邦贸易委员会后来裁定，安利不是老鼠会，因为报酬完全是由向终端消费者销售产品的数量而不是招募新人的数量决定的。根据他们的裁定，安利销售计划成了合法直销事业的模式，其他的直销公司此后一直试图模仿我们。该委员会甚至指出，安利产品获得了广大消费者的接受，虽然我们的市场占有率低，又不做全国性广告，却在品牌忠诚度方面拿到了第三名。联邦贸易委员会承认，安利设计出了崭新的模式。面对宝洁等广告支出相当于安利总销售额两倍以上的产业巨擘，我们的营销人员引进“全新的竞争态势”，从垄断市场的大型公司手中抢到了生意。该委员会发现，安利的销售计划明确表示，营销人员必须努力工作，物质报酬取决于工作的质量。一名法官甚至在结案后对我说，他认为安利的销售计划是具有真正创新性及独特性的商业模式。

与联邦贸易委员会的官司设定了合法的直销事业的标准。这场官司成为一起测试案例，设定了今天所有直销公司经营活动的标准与指导纲要。

不过，联邦贸易委员会要求我们对定价政策作出调整，并要求安利提供给每位新营销人员一份 8 页的销售计划说明。他们也审查了我们的月刊和销售数据，以确保其中没有宣扬或是用照片暗示大多数营销人员都不太可能赚取的财富。安利依然明确地表示，这项事业需要努力工作，而不可能“快速致富”。

虽然裁定对我们有利，但联邦贸易委员会之前对我们的指控已造成误导，多年以后，凡是不了解安利事业、宣称受到误导的人，或宣称我们的计划完全不管用的前营销人员，都会用它来做批评的典型证据。不满的前营销人员和其他批评者用著书的方式提出了几乎完全一模一样的指控：他们并未获得他们当初受到诱惑而相信他们可以创造的成功。

与联邦贸易委员会一样，他们显然没有注意到“营销人员也需要努力工作”这个部分。而联邦贸易委员会证实，安利销售计划明确表示，营销人员必须努力经营，物质报酬取决于努力的程度。对于批评安利的人，我们也想强调，没有人会因为尝试安利事业而承担经济上的风险。营销人员创立安利事业的唯一成本是启动资料费，他们会得到宣传、辅销资料和其他方面的协助。即使他们决定不经营事业，也可以使用自己购买的产品，这些产品都附有令人满意的质量保证。如果新营销人员认为这项事业不适合自己，我们甚至会退回启动资料费。如果他们试过之后却失败了，如那些在联邦贸易委员会的案件中出庭作证的前营销人员所说，也会得到好处，因为他们曾经与积极的人一同设定目标，并试图自己创业。

回想这个案件，以及针对安利的类似批评，我必须诚实地说，我完全无法理解那些踩着别人向上爬的人，还有那些将自己的失败归咎于外部因素，从而无法面对人生责任的人。许多人都曾试图经营安利事业，最终却失败了。如果他们足够诚实，就会承认自己并没有努力销售产品和推荐人们加入。

创业需要辛苦地长时间工作、忍受挫折和保持积极态度，不具备或者不愿接受这些创业特质的人们应该寻找其他谋生方式。我并不反对那些尝试过安利事业但认为它不适合自己的人的想法，不过我希望他们能为自己的行为负责，而不是把一切都怪罪于这项事业。如果安利事业不健全，就不可能发展并繁荣长达半个多世纪。那些在联邦贸易委员会案件中提供对安利不利证词的人或许是想获得某种形式的补偿或满足，但我不认为法官或是和解可以提供他们真正需要的东西。

第二个打击：加拿大国税局的调查

在安利成功多年后，一些人感到惋惜，说他们原本有机会在早期投资安利，但这是异想天开，因为我们从未提供合伙人制度或开放股权。不论是在早期还是今天，如果有人想要通过安利成功创业，他们不需要也无法向公司投资。他们只需要签约，花几美元购买创业资料，然后勤奋工作，下定决心，绝不放弃，直到达成目标为止。

今天安利提供的成功的可能性，与 1959 年创业之初是一模一样的。**安利在 1959 年是个对大众开放的机会，至今依然如此，任何人想要签约成为营销人员，愿意专心而努力地工作，有着实现梦想的毅力，都可以加入我们。**

到头来，联邦贸易委员会的案件反而证实了安利的合法性，尤其是在拓展海外市场的时候。这个案件是政府对商业原则的误解，以及对自由创业的打击。幸好，这项旷日持久的调查和相关的媒体报道并未损害安利的发展。在联邦贸易委员会提起诉讼 4 年后，我们的销售额增长到 33 倍以上，达到 38 亿美元。

可惜的是，我们接下来面临的艰巨挑战就完全不同了。1982 年，加拿大皇家骑警队突袭搜查了安利加拿大公司总部，并向媒体发表声明，指责安利对加拿大国税局（Revenue Canada）造假，逃漏超过 2 800 万加元的关税。加拿大国税局开出了 1.18 亿美元的罚单，还威胁要引渡我和杰到加拿大法院受审。

我认为加拿大政府的指控完全是无理的。时至今日，再回想这些年以来的经历，我的看法可能十分正确。随着时间流逝，我很确定他们不喜欢安利倡导的自由创业的理念。无论如何，与加拿大政府的案件让我辗转难眠。联邦贸易委员会的案件是个重要议题，却是个商业议题，我们只需向本国政府证明即可。可加拿大政府指控安利欺诈，我们还被威胁会被判重刑，这让我大伤脑筋。认识你的人知道你没有犯罪，但这并不表示许多根本不认识我们的人也会这么想。

我们在加拿大的运营依据的是1965年的税收协议，在此之前，我们出货的产品或缴纳的税金从未与加拿大海关官员或加拿大国税局发生纠纷。加拿大国税局在1980年单方面修改了征税规则。安利是一家美国公司，跨越国界输出产品给我们持有的加拿大分公司。我们销售产品给加拿大营销人员，而他们则按建议零售价销售产品给客户。

加拿大国税局突然间对安利产品的应税价值和我们在加拿大的营业收入所应缴纳的税率级距提出了异议，这也成了一件棘手的案子。我认为，其中有政治因素。安利后来缴纳了2 100万美元罚款以使当局撤销刑事指控，民事诉讼则拖了漫长的6年，直到最后我们决定终止漫长诉讼的法律费用，以3 800万美元和解，这大约是加拿大政府指控安利亏欠金额的四成，与我们1989年全年的销售额19亿美元相比也不是一笔天文数字。这可是我手笔最大的捐赠——却没有任何一栋大楼以我的名字命名。

为营销人员信守承诺

尽管我们不愿支付数千万美元在我们认为指控不公平的案件中达成和解，但负面宣传不断传出并波及了安利的事业，这是与加拿大国税局的这起官司带来的真正伤害。鉴于此，我们最后决定和解。我们无法再忍受报纸上时常出现的“安利被控欺诈，负责人将面临最高20年的牢狱之灾”的报道，这已不是单纯的税务案件。我们大受打击，更重要的是，必须重新建立起诚实的名声。安利在加拿大和美国的事业都一落千丈，销售下跌好几年之后，我们才重新起步。安利流失了一些加拿大营销人员，但我们很感谢许多留下来继续经营其事业的营销人员。和解 5 年后，报纸还会提到我们曾被加拿大政府指控欺诈。这个字眼是所有企业都不想沾上的。

如果不是顾及舆论，我们会坚持将官司打到底。但我们无法忍受新闻在谈到我们时每每要提到加拿大一案，提醒人们你曾被控欺诈。这个案子似乎永远不会从报纸上消失。当时，我不愿出现在大急流城的安利格兰华都大酒店（Amway Grand Plaza Hotel），因为我觉得人们会说闲话。在这种负面报道之中，你是不想公开露面的。

《大急流报》每天的头版都是我们。我对执行编辑十分恼火。他后来告诉我："你应该习惯上头版新闻这件事。"当时我是抱怨过，我觉得有一则报道根本没重要到可以上头版的地步，于是我向他反映了这件事。

他说："只要提到你的名字，那就是头版新闻。因为你做的每件事都是头版新闻。认命吧！你是这镇上的名人,你做的每件事不论好坏都会登上头版。"直到今天，情况差不多还是这样的。

我和杰那些年里在这件案子上花费了很多精力。我们的注意力大多放在如何解决官司、律师处有什么进展、应该采取什么行动以及何种辩护，还有与律师会面研究案情上。我们不让飞机进入加拿大，避免其被没收，也关闭了加拿大工厂。我们也曾考虑干脆取消安利加拿大分公司，但是有太多营销人员和员工依赖着安利。

回想起来，这证明了安利对营销人员的承诺：我们不会遗弃他们。可是，我们也无法承受总在报纸头版受到抨击的事实。在那种情况下，营销人员很难销售产品，但公司必须维护他们的事业，所以最后我们认为必须和解。我们也必须考虑到自己的家庭。在这种情况下，子女们通常会承受父母的骂名。我记得孩子们在吃饭时表达过他们对这件案子的忧虑，这也成为家庭祷告的一大主题，有时在祷告中，我们怆然泪下。

《60 分钟》的调查报道

加拿大国税局的报道同时也引起了其他主流媒体的注意，他们也想采访我们。1982 年，我们获悉，拥有高收视率的美国哥伦比亚广播公司（CBS）的星期日晚间新闻节目《60 分钟》（*60 Minutes*）想制作一集安利特辑，并已开始拍摄营销人员的大型会议。在经历了关于加拿大国税局一案的负面报道之后，我们格外有理由担忧，因为当时流行一则笑话："当你到了办公室发现迈克·华莱士（Mike Wallace）和《60 分钟》的工作人员正在等你时，就知道今天要倒霉了。"

迈克·华莱士以对访问对象的"突击"而闻名，所以我们事先做好了万全准备。知道《60 分钟》要制作一集安利特辑后，我们没有坐等华莱士意外出现，杀我们个措手不及，而是主动邀请他来到安利，对他和他的工作人员表示了欢迎。我想，我们的办公室和生产设施让他惊讶不已。我们对他们彬彬有礼，像对其他访客一样以礼相待。我想这建立起了良好的氛围，我和杰都认为访谈进行得很顺利。不过，在他们结束相关工作之前，我们还是感受到了一丝忧虑和压力。

《60 分钟》花了一年时间进行这项名为《肥皂与希望》（*Soap and Hope*）的调查，节目于 1983 年 1 月 9 日播出，内容包括对心怀不满的前营销人员的采访、演讲人在安利会议上被断章取义的事实、不足以代表所有营销人员的影片，还有关于加拿大关税的尖锐问题。不过普遍的看法是，这段报道还算公平。再不济，观众也会看到这家公司比许多人想象中更庞大、更有秩序；我和杰在向华莱士介绍令我们十分自豪的安利时显得泰然自若，而且开诚布公。

华莱士的报道最后有了好结局。一年后，我们邀请他参加我和杰所购置并重新装修的安利格兰华都大酒店新楼落成典礼（稍后详述）。《拉里·金脱口秀》（*Larry King Show*）在大厅里做了现场广播，拉里·金还采访了华莱士，华莱士对他说："我们以为一定会在无法得到配合的情况下制作节目，但这些人真的很有品位。他们让我们能放手拍摄足够多的内容，而且愿意承担责任。我们发现安利的产品很好，并不是老鼠会。"他甚至在接受地方报纸采访时表示："埃达城的人是一流的。"在节目播出后，我对营销人员说："我们很早之前就得到了通知。我们想撤掉节目，但他们说不论我们是否配合，他们都要制作这期节目。我们最后决定，如果他们无论如何都要做，我们便不能逃避。即使是一场灾难，我们至少要挺身捍卫我们的信念。我们是不会退缩的。"

为安利挺身而出

那期《60分钟》播出后不久，我和杰受邀参加全国播出的《菲尔·多纳休脱口秀》（*Phil Donahue Show*）。菲尔·多纳休以报道具有争议性的题材并给现场观众机会向节目来宾提问而出名。我们事前得知，这个节目已经找来一群不满的营销人员担任现场观众。

杰说："我不想去参加那个节目。我不想跟他们打照面，让他们自己去做节目就好了。反正我不去。"

我说："我去。我不会让他们告诉别人我们两人受到了邀请却都不愿参加。我宁可把事情搞砸，也不愿因为缺席而无法为我们的立场辩护。我会去的。"

我事先跟多纳休沟通过，他说会请我和他一起坐在台上接受观众的提问。我说："如果大家都不懂我们在说什么，你为什么要做这个节目？电视观众搞不清楚前因后果，只会看到这些人在抱怨安利。”他说，会在节目里加入一段介绍，说明这个议题，然后听听营销人员的意见和提问，甚至还有抱怨。在那之后，他会就现场观众的意见来访问我。

我抵达芝加哥的摄影棚之后，他说：“我改主意了。不做说明，直接开始吧。”结果，我被安排坐在舞台边缘而不是台上，就坐在一群营销人员观众面前，而多纳休煽动观众直接对我抱怨。有些人表现出了支持和尊重，但许多人都具有攻击性。那时安利事业正处于谷底，所以一些营销人员的业绩不太好，还有些人过度吹嘘了这个创业机会。

我想保持友善，因为我不想跟自己人交恶。我猜多纳休以为播出观众的抱怨会让安利很难看，因为他拒绝在节目开始时加入任何说明以提供前因后果，电视观众根本不明白这是怎么一回事。尽管一片混乱，但我想我做得不错。那个星期，我收到了第一夫人芭芭拉·布什（Barbara Bush）寄来的明信片，上面写着：“狄维士 10 分，多纳休 0 分。”多年来，我一直支持共和党及其候选人，因此结识了老布什总统贤伉俪，她的明信片充分显露了她的善良。

化挫折为前进动力

新闻媒体的高度关注反而是有利的，既帮助我们认识了自己，也让别人认识了安利。此时，我们开始专心做出一些改变，解决一些造成误解的独立事件。我们制定了正式规定和标准，规范培训和营销人员的宣传资料，我们时常派公司代表出席营销人员的大会。营销人员只能使用符合标准的产品和行业文件。我们规范着营销人员的言论和文件，因为他们代表着公众眼中的安利。

这些与政府及媒体打交道的经验多数为负面的，也是安利为求生存所必须克服的挑战。这些挑战和以往相比更艰巨和困难，但我们得到的教训是一样的：流汗而不能流泪，坚忍，保持希望。早期的一些挑战似乎很大，例如创立航空事业时，机场还没有建设完成；我们的帆船在黑暗的深海中沉没；在一场纽崔莱座谈会上只有两个人出席。但与喷雾剂工厂被烧毁相比，这些都不算什么。而即使是那场火灾，也比不上美国联邦贸易委员会和加拿大国税局的威胁。

迈克·华莱士上门时，我们并没有认命地接受倒霉的命运。我们知道，凡是有梦想、敢于与众不同或尝试新事物的人总会招致批评。早期，我们希望安利成为家喻户晓的公司；后来，当安利在电视情景喜剧中被当作笑点招来廉价笑声时，我们索性把它视为安利名声远播的一环，然后继续创造更大的成功。凡是比主流超前太多的人，早晚都会引起批评者的注意。我们挺过风暴，继续前进。

此时，我们将挑战视为我们必须要克服或绕开的障碍。这使得我们更能充分地准备发展中的事业的下一篇章——安利将出发，去往全球各个角落。这或许是一项过于艰巨的挑战，最好想都不要想，但是没多久，一些世界上最不可能成为安利市场的地方都将接受安利。

SIMPLY RICH

狄维士的感悟

这些与政府及媒体打交道的经验多数为负面的，也是安利为求生存所必须克服的挑战。这些挑战和以往相比更艰巨和困难，但我们得到的教训是一样的：流汗而不能流泪，坚忍，保持希望。

凡是比主流超前太多的人，早晚都会引起批评者的注意。我们挺过风暴，继续前进。

拓展安利版图

我们时常听到营销人员说："安利什么时候会在这个或那个国家扩展市场？"在国际事业并不多见的时代，安利的海外拓展跨出了大胆一步。截至1990年，安利已有超过一半的销售额来自海外。

杰和我时常被人称赞有远见。如果真是这样，我们在1959年创办安利公司时或许就会预见到，想要自己创业的念头并不是安利的专利。1962年，我们越过国境到加拿大开拓事业，以及在近10年后在澳大利亚成立第一个海外分公司，安利一直在和美国情况极为相似的国家里运营。不久之后，每开拓一个新的国际市场，这个概念就变得更清晰一些：全世界各地的人们同样希望有机会自主创业。看到安利的标志旁附着日文或中文让我有些吃惊。第二次世界大战时，我曾在海外服役，返乡后则急于在我以为只有美国独享的自由中追求成功。今天，我们都明白，事情并非如此。我们所说的梦想无法被局限在国境之内，也无法用国籍来限制。

我们决定进军加拿大，将其作为第一项国际事业。我和杰当时很天真，认为在英语国家不必重新印制在美国使用的资料，但我们忘了加拿大有许多法语使用者，所以必须另外印制法语的资料和产品标签。我们原先打算在加拿大单独成立一家公司，只在加拿大境内运营，不进行跨国推荐，但是没过多久我们便明白，从头成立一家公司远比预想中更复杂。让营销人员的数量能够随着公司业务的发展而增长；我们去哪里开展业务，他们也会跟着去。日后的海外分公司都是新成立的公司，但我们同时也设计出一套系统，让营销人员在所有市场中都能进行推荐。

走向全球的第一步：澳大利亚

安利公司在创立的3年内便开始在加拿大开展经营活动，因为美国营销人员在加拿大有亲朋好友和商业关系，大家都想开拓新市场。埃达城距离密歇根州和加拿大安大略省的交界处只有240千米，除了魁北克以外并没有语言障碍，而且加拿大的经济、政府结构与文化都与美国很相似。因此，安利很快掌握了扩张机会，成为一家国际企业。相较之下，下一个动作才是迈出的一大步——横跨半个地球在澳大利亚开拓海外市场。当时有个笑话说，我们选择这么遥远的国家，万一第一家海外公司失败了，在美国本土也不会有人知道。这当然不是真的，不过说我们基于与加拿大相似的理由而选择了澳大利亚，也不完全正确。

事实是，我们并不是真的选择了澳大利亚，而是澳大利亚选择了我们。澳大利亚人常会抢注美国公司的名称，预想这些公司有一天会在澳大利亚开张营业。他们注册公司名称，生产几样产品，然后等待这家美国公司扩展到澳大利亚。因为澳大利亚人已拥有注册商标，外国公司必须买回自己的名称才能在澳大利亚经营，我们就遇到了这样的情况。一位澳大利亚人在当地注册了安利，甚至其他品牌的名称。他本身就是位直销从业者，他所销售的雅姿品牌也被他在澳大利亚注册独家使用。我们在澳大利亚的律师说，这种情况在那里早已司空见惯，他还有一份文件模板，只要签个名就可以把商标名称买回来。他对我说，我只需前往澳大利亚，跟那人谈好一个价格，然后在文件上签名即可。

因为我当时正好人在澳大利亚，便安排与他会面。他是个很好的人，我们聊得很融洽。我告诉他："这里有一份文件，我们只需谈妥价钱即可。你和我都知道这一天总会来的，现在这一天已经到来，而你一直在等待它。所以，我来了。"谈判之后，我们谈妥了一个合理的价格，我给他开了一张支票，他在律师给我的文件上签了名。完成谈判后，抢注者问我们，他能否成为我们在澳大利亚的第一位营销人员。他一直从事直销业，手下还有一些很好的营销人员，所以我们接受了他的请求。由于他的直销事业已有一番规模，他实际上帮助安利获得了一个好的起点。

我们以为澳大利亚人可能不会接受“安利”这个美国名称，结果正好相反。澳大利亚人喜欢“美国”这个主题，他们喜欢来自美国的产品。我们想在澳大利亚制造产品，却发现澳大利亚人更喜欢在埃达城生产的。

第二代加入经营行列

早期海外拓展神速，因为营销人员会鼓励我们开拓他们拥有人脉的国家。我们时常听到营销人员问：“安利什么时候会在这个或那个国家扩展市场？”营销人员必须等安利先行在当地设立机构、进口产品、准备好书面资料、注册商标并且遵守当地法规，才能开始运作。

1973 年，安利进入英国，这是另一个与美国语言相同、政治和经济制度相似的国家。1974 年，安利进入了中国香港。我们于 1975 年进入德国，开启了之后 10 年开拓欧洲市场的历程。1979 年，我们进入了日本，战后的日本受到了美国很大的影响。

现在有点难以想象当时我和杰只收拾简单的行囊便去环游世界的情形。年轻时，我记得美国是与世隔绝的。第二次世界大战开始之后，世界地图销量剧增，因为美国民众在报纸上读到发生在遥远国度的战役之后，想知道他们在新闻里看过和听过的陌生国家和城市在哪里。我在战时曾在南太平洋服役，我和杰后来也游遍了南美洲，所以当安利开始开拓海外市场时，至少我们自己已经对这个世界比较熟悉了。我现在明白，所有人生历练都可能为未来的成功种下种子。在那个时代，国际事业并不多见，所以我可以很自豪地说，我和杰的海外拓展跨出了早期的大胆一步。

20 世纪 80 年代初，安利已进入十余个国际市场，海外拓展主要是前往营销人员认为他们的人脉有发展潜力、可以跨国界推荐营销人员、建立自己国际事业的国家和地区。80 年代中期，安利开始进行策略性的海外拓展，在有多元文化和经济的国家和地区开拓市场。我们成立了一个部门，专门负责国际市场的运营，我的长子狄克被任命为这个新部门的主管。和狄维士与温安洛家族的其他子女一样，狄克已接受过培训，学习过安利事业运作的方方面面，在不同管理职位上历练了 10 年。狄克于 1984 年担任国际运营副总裁时，国际销售额约占全部销售额的 5%。6 年后他离开那个职位时，安利超过一半的销售额都来自海外。

SIMPLY RICH

狄维士的感悟

狄克的海外拓展部门有一组专门开发新市场的人员：他们具有进军一个国家或地区所需的各种专业知识，可以规划、执行与开发市场有关的所有法规、政府、翻译、物流、广告和营销工作，也开始与有兴趣的潜在营销人员举行会议。

这些市场开发会议通常规模庞大，有时出席者多达 5 000 人。我们永远无法预测究竟有多少人会回复邀请函，前来参加探索安利事业的开发会议。有一次，我对杰说：“每个人都认识某个地方的某个人，他们可以试着招募这些人。”这句话一点儿都没错。营销人员走遍世界各地去参与新市场开发，把他们在新市场上认识的人找来参加他们的第一次会议。国际推荐成为许多人事业迅速壮大的一种方式。

进军中国市场

狄克有一项策略性计划，就是对世界各国和地区进行排名，按开发难易程度排列：从最容易开发的，到挑战与风险最高的。狄克让我们有了更远大的构想，因为他告诉我们，安利可以维持核心事业原则，但同时也要调整事业模式，以应对不同地区的风俗习惯和法律、财务方面的要求。安利今天能在全球范围内取得成功，狄克真是一大功臣。

当时，进军中国是一项大挑战。根据中国政府要求，我们需要建立本地工厂，并根据新出台的法规，采用新的经营方法。负责开发中国市场的郑李锦芬（Eva Cheng）打电话给我，问："我们现在该怎么办？"我请她去与相关政府部门沟通，表示安利打算留下来并遵守政府规定。我们必须在中国开设零售店铺并设计新方法，根据营销人员的事业规模给予奖励。我相信，安利事业对中国人有着强大的吸引力，他们也在努力追求自由创业的生活；我同时相信，安利的经商之道终有一天会被中国人所接受。时至今日，中国已成为安利最大的市场，当地的事业处于持续发展之中。

20 世纪 90 年代，我和杰拍摄了一张照片，用于营销人员的宣传刊物之中。为了展现安利公司的全球化，我们站在一个大型地球仪的两侧拍下照片。现在，看到那幅照片挂在中国的办公室里，旁边是印有中文的广告牌，或者看到安利标志衬着上海的城市景观，我都会觉得妙不可言。

1990 年，《福布斯》杂志有一篇讲述安利在日本的事业蒸蒸日上的报道，其中采访了一名成为营销人员的会计。"安利宣扬自己做老板的理念，在美国或许会受到嘲讽，"他说，"但在行事刻板的日本，却能吸引有意愿的群众，尤其是家庭主妇和在工作中受挫的上班族。这里没什么成功的机会，但在安利，我看到人们不断成功。"**安利一直强调梦想——绝不放弃，不让别人偷**

走你的梦想。现在，许多日本人可以和世界各地的安利营销人员一样梦想着更好的生活。

自由企业生力军

今天，我的加油口号“你做得到”（You can do it!）已成为安利在世界各地使用的宣传语。在亚洲，这同样已经成为一句充满正能量的加油口号。在日本或中国，你都会听到营销人员在加油时喊：“你做得到！”他们也会请我在他们的书上写下“你做得到”。

安利进入俄罗斯时，我受邀从佛罗里达州的家中拨出电话，在一场600人的集会上说出：“你做得到！”现场的公司人员告诉我，那是他们参加过的气氛最热烈的一场会议。这些俄罗斯人对于能够自由经营事业以及为自己做点有意义的事而感到非常振奋。他们告诉我，与会者站在椅子上唱歌、欢呼，那种气氛简直像在看球赛，而不是在销售大会上！

当然，进入语言、文化和政体不同的国家并不简单，而是充满挑战。在一些亚洲市场，安利都是直销公司的先锋，在税务、法律和规范方面面临着不确定性。安利在中国的事业在开幕后又暂停，是因为要等候政府裁定事业模式是否合法。最后，安利可以继续经营。但不同于其他市场，我们必须调整运营模式，在店铺销售产品。

韩国政府对直销相当怀疑，并认为安利的进口造成了本国贸易赤字。但我们向韩国证明，安利可以成为其国内的一股正面力量，现在我们在韩国备受欢迎。有些照片上，一个运动场中坐满数千名韩国营销人员，他们在听我演讲，他们来参加是因为对创业机会感到振奋，我看到这些照片时非常感动。安利也进入了印度和泰国，调整了事业模式，设立了零售中心。现在，我在泰国、印度和中国看到现代化、闪亮的安利大楼向路人展示公司和产品的醒目标志时，实在感到不可思议。

对于我来说，20 世纪 90 年代安利能够在一些东欧国家开拓市场，令我感到又惊又喜。安利在这些缺乏家庭和个人护理产品的国家设立了产品中心，许多人排队抢购我们供应的一切产品。

在匈牙利，第一年就有 8.5 万名营销人员加入我们。我记得当年去这些国家时，到处都是一片灰暗、萧条的景象，人们一脸严肃；他们没有什么物质享受和创业机遇。安利将机会和产品带给了这些人，为这个多年以来渴望自由的地区注入了一丝新的活力与希望。

20 世纪 90 年代，我们也开发了巴西市场，开启了进一步扩张至其他南美国家的契机。我和杰很怀念这里，年轻时，在帆船沉没后，我们游遍了南美洲，当时怎么可能知道，我们有一天将经营一家国际公司，生产专为拉丁美洲研发的美容产品？

不论人们是居住在中国这个亚洲国家、危地马拉这个赤道以南的新兴国家还是澳大利亚这个位于南太平洋的工业国家，我们得到的经验是，世界各地的人们都有着一个共同点：梦想拥有美好的生活。就像《安利 2011 全球企业社会责任报告》所说的："相信美好。"（Believe in Better.）让我欣慰的是，安利不但一直在全球保持着良好业绩，还会努力帮助人们实现梦想，为自己和家人及其社会和国家创造美好生活。

安利的"爱心手牵手"（One by One）关怀儿童活动自 2003 年开展以来已募集到超过 1.9 亿美元捐款，帮助了超过 1 000 万名儿童。仅在 2012 年，安利的营销人员与员工便在世界各地的慈善机构从事了超过 20 万小时的志愿活动。除了帮助人们，安利也在帮助我们所生活的地球。秉持着保护环境的传统，在安利运营的各个市场上，我们都在努力减少碳排放量、节约水资源、减少废弃物并保护动物栖息地。

SIMPLY RICH **狄维士的感悟**

写下这些数字不是为夸耀什么，而是想强调我对安利公司的经营理念十分自豪。我和杰总结出的理念包括，相信可以凭借自身努力和才能致富，我们也通过帮助他人来传播此一理念。我很高兴看到这个四海通行的理念能创造出如此强大的成果。这是我永远保持乐观的另一个理由，因为我总是能在我遇到的人们身上看见好的一面。

一项提供机会给所有人的事业

20世纪80年代，当时我们的大部分事业都在美国，我们将安利公司总部设在了密歇根州埃达城。但在聘用了新的国际员工之后，他们说："埃达城不是安利世界的核心，不管你们心里是不是这么想的。安利的展示中心遍布世界各地。如果你想知道哪里才是真正的核心，那就是中国，因为那里有我们最大的市场。"他们告诉我们，安利依然以美国为核心看待这项事业，因此没有看清它的规模。我们试着让埃达城保持其核心地位，多年来试着在埃达城制造各项产品，无视其成本高昂及不便利的缺点把产品运送到世界各地，纯粹是为了在埃达城进行生产和提供就业机会。后来，安利在印度建立了一座工厂，在泰国开设了新公司总部，在中国开始建设第二座工厂，在其他地方还有数项大型建设计划正在进行。来到埃达城的人们再也无法完全掌握安利的全貌，因为我们不再只立足于埃达城。

讲到这里，要回溯到密歇根州沙勒沃伊，我们将第一个理事会取名为“美国之路协会”，现在感觉似乎有些怪。在安利起步之初，我们向营销人员宣示远大的梦想，但其实我们压根不了解什么是真正的远大梦想，或是可能实现的远大梦想。

在那之后，世界变得小多了。以往看似无法打破的国境线和看似遥远的土地上的陌生人如今已拉近距离，也已变得更加熟悉。我们不断将包装和销售文件翻译成数十种不同语言，调配产品以适应不同国家的特殊口味，同时针对不同法规及文化背景作出调整。但不论安利今天去往什么地方，我们一直被这样提醒：全世界的人们都渴望自由，以及掌握机会利用自身才华及努力拼搏成功。

安利为所有人提供事业机会的简单信息已成为一种国际语言。我在世界各地站上大会的讲台时，尽管与会群众的容貌不同，但他们的热烈响应是一致的。有时，很难完全将 50 多年前埃达城这个小镇上的一家小公司与今天的数百万名安利营销人员联系在一起。

我相信我和杰受到了上天的眷顾，理由是，我们秉持着能够惠及全球所有人的原则创立了安利。我们的员工比我们更早了解到了这一点。埃达城不是安利世界的核心，**安利的核心在世界各地。我还要加上一句：安利的机会也在世界各地。**

SIMPLY RICH

LIFE AND LESSONS FROM THE COFOUNDER OF AMWAY: A MEMOIR

丰盛人生，安利精神的核心

不管是在事业还是在人生中，人们都想要也需要被鼓励和启发。如今安利的影响范围如此之广，正是源于鼓励更多的人加入安利事业，从而丰盛自己、子女、家人和朋友们人生的希冀。

我最早创业时受到了励志演讲家的鼓舞，因此我努力鼓励数千名安利营销人员站到人群面前，鼓励大家不断追求成长，为他们加油、对他们说："你做得到！"这已成为安利达到今日成就的一个关键。

创办飞行学校之后没多久，我和杰报名参加了卡内基课程。我们两人觉得，身为年轻的企业家和销售人员，应该学习如何谈话及有效沟通。那项课程提供了很好的经验，尤其是对我，它让我有了全新的信心去成为演讲者。指导员会很有技巧地指出需要改善的地方，但不会显得苛刻，他们也会营造积极的氛围，鼓励每位学员。

指导员告诉我，公开演讲的关键在于举例说明。要讲故事，最好是亲身体验。如果你讲述发生在自己身上的事，就不需要带便条，因为这就是你的亲身经历。因此，个人经历通常是最好的演讲题材。

卡内基课程也会教授演讲方法。首先，务必告诉听众你的演讲主题。我见过太多人在演讲时从未真正告诉大家他们到底在讲些什么。他们讲了一大堆，可是我想知道的是："今天的主题是什么？我们要讨论些什么？这次演讲的重点是什么？"其次，要告诉听众为何要讨论这个主题，为什么这个主题这么重要？再次，举例说明演讲的重点。举例，举例，再举例！

之后，你需要一段开场白，例如一个笑话或招呼，最后是结语，通常是：

“现在各位已听完我要告诉你们的话，我建议你们采取以下行动。”这些是我在卡内基课程中学到的基础技巧。事实上，我在数年后又去上了一次课，对举例说明的妙用更加深信不疑。

《销售美国》

在那之后不久，我受邀在芝加哥一场纽崔莱大会上向大约 3 000 人演讲。我遵照卡内基课程的做法，加入了举例说明。我的主题是“白热化”（White Heat）——如果你想成功，就要对于自己做的事热情如火。演讲结束后，我坐了下来，大家却站了起来，为我起立鼓掌。我以前的卡内基指导员也在听众当中，他走上前来赞扬了我。就在那天，我发现自己有演讲才华，于是我遵照这些方式，一直在发表演讲。

创办安利公司后不久，财务部门的一位女员工告诉我：“城里有个簿记员协会。我听过你演讲，不知道你愿不愿意对这个小团体做一次演讲？”这是第一次有人邀请我在安利与纽崔莱会议之外的场合演讲。我问她，她想要我谈些什么，她说什么都可以。我就说：“这么办吧，我要谈谈美国积极的一面。现在的社会上充斥着太多的负面情绪。”

我开始构思要向这个小团体讲些什么，便随手记下了安利事业成长初期中发生的美好事情。我演讲《销售美国》次数越多，便会引发越多的人响应。我在美国各地向数千人做了《销售美国》的演讲。我在印第安纳波利斯市“美国未来的农民”（Future Farmers of America）大会上的演讲被录制下来，后来更制成了唱片，以专辑形式在 20 世纪 60 年代出售。这张唱片获得了自由基金会颁发的“亚历山大·汉密尔顿经济教育奖”（Alexander Hamilton Award for Economic Education）。

《销售美国》是我公开演讲生涯的开端，也是我吸引安利与纽崔莱以外的听众的第一场演讲。我收到了越来越多的演讲邀约，在许多所中学和大学的毕业典礼上演讲，也会去商业俱乐部。这些演讲对早期的安利起到了很好的宣传作用。我不断发表新的演讲，大多是在安利会议上，但也有一些是为了传达信息给一般民众。其中一些演讲——包括《行动、态度和环境》以及《四个阶段》，我曾向世界各地的安利听众发表过。它们都是不错的基本演讲。

我有一次还与福特总统分享过《四个阶段》。这次演讲涵盖了组织发展的四个阶段：建立、管理、防御和指责。福特在担任大急流城众议员时，我就认识他了。有一天，我到白宫的椭圆形办公室拜访他，被告知我有 10 分钟时间可以和他聊天。

聊天时，我说："你知道吗，这个地方已经进入了第四个阶段。"

他说："你说的第四个阶段是什么意思？"

我说："第四个阶段就是指责阶段，每个人都为了问题而互相指责。这个地方听起来就是这样的。"

福特总统说："我也这么觉得，再给我讲讲其他阶段吧。"

我说："我没有时间了。他们只给我 10 分钟，我一定要遵守规定。"

他说："我想听完其他部分。"

因此，现在我可以说，我曾经向一位尊贵的听众发表《四个阶段》演讲，这位听众就是美国总统。他非常赞同我在演讲中表达的观点，并认为应该让美国回到第一个阶段，思考该如何建设，而不是争功诿过。

用自身经验启发听众

向美国总统发表演讲或者为全国听众录制一场演讲都属于特例。我的演讲大多只是为了鼓励安利营销人员，尤其是在他们创业早期。早期的这类演讲主题包括《不流汗就流泪》，我会告诉听众：“你们在这项事业中面临一个选择：流汗还是流泪。”我向他们讲述我和杰创业时的各种故事，其中有的尝试成功了，有的则没有，但关键在于，我们在不断努力。这虽是场简单的演讲，却依然不失为一场好演讲，有的人告诉我，他们还会放录音带来重温。

我因演讲脱稿而出名。我可能会从西装口袋里掏出一张纸条，上面随手记着几个重点，不过这些纸条只是用来提醒自己演讲主题以及一些用来举例的故事的。我遵照简单的卡内基方法，因为用的是自己的故事，只凭记忆就可以讲出。举例来说，我第一次发表《不流汗就流泪》的演讲时，演讲的内容基本上就是我的回忆。那场演讲中充满了我自己的亲身经历，我一开始就对听众说：“今晚我要向各位谈谈安利是如何一路走来的。”

我不需要成为某个领域内的专家，便可以成为一名有效率的演讲者，可是有时候，特定领域内的专业知识确实可以促成一次好的演讲。我利用当水手的经验写出了以《四道风》为主题的演讲。风从哪里来以及风如何影响我们，是大家都有兴趣听的。因此，即便忘掉了演讲的细节，人们还是会记住“四道风”的事例以及他们可以采取的行动。

我可以轻易重复这场演讲，因为我只需回想在航行时遇到的风就行了。旅程刚开始时，刮着对我们不利的北风。当人们说到他们为何无法成功或者抱怨情况不利时，就如同正在对抗可能刮进人生、让自己动弹不得的寒冷北风。东风则预告着不久后可能出现坏天气。我们可能在事业上面对必须处理的不确定性，但这可以让我们向前看并做好准备，就好像在生活中，我们看到黑暗的天色，就会带件外套和一把伞一样。另外，你要提防南风，它会骗人。它会诱使你相信自己做得很好，让你对事情的进展感到很满意，因而放松警惕，你便不再具有积极性了。事业落后时，你就该寻求西风了。西风是最好的，可以让天气稳定，而且非常和煦。有了这道风的吹拂，我们便可以昂首阔步，在短时间内获得长足的发展。此时，你要对自己的事业进行建设性的检讨，努力招募人员并拓展事业。

听众在听讲时可以想象一艘帆船，几乎可以感受到风；他们可以把自己及其事业放进画面里，然后评估自己遇到的是什么风。这些年来，这场演讲已成为营销人员的最爱。

当然，随着安利在世界各地扩张，我发现通过口译向国际观众发表演讲时需要稍微改变一下方法，演讲过程变得困难了许多。我得到的第一个教训是：不要讲笑话，因为口译很少能准确传达笑点。我第一次在英语非母语的国家讲笑话时，听众完全没有反应。在通常情况下会引得听众哄堂大笑的笑话，在英语非母语的国家却会满屋鸦雀无声。

在外国演讲时，我也会避免牵扯到政治内容，因为我不是在自己的国家，安利也没有授权让我表达自己的意见。所以，我会找其他内容来讲。

在中国演讲时，我有一次谈到该如何克服反对或拒绝安利的反应，并就如何应对反对提出建议，因为在人生和销售经历中，我们都可能遇到人们的反对。我以自己的心脏移植手术为例。当时我 71 岁，大约有 30 位医生和不少移植中心都收到过我的医疗记录，一开始，每一家机构都拒绝了我，但最终有一名医生答应了。虽然概率不大，但我们坚持了下去，直至找到那位医生，因此，我确实对拒绝深有感触。**在事业方面，我们有时也会面对很不利的情况，但当你找到那一个人，你的事业就能延续下去。对我个人来说，是我的生命延续了下去。**有一次我甚至举起了心脏移植手术后必须服用的预防身体排斥的药，对听众说："很抱歉，我没有抗排斥药可以帮你们克服事业中吃到的闭门羹。你们必须坚持下去，像我一样，直到找到一个认同你的理想并积极地回应你的人。"

SIMPLY RICH **狄维士的感悟**

回顾我的一些演讲，我可以分析出它们如何说明了安利的成功原因，以及安利事业的真谛是什么。我相信它们让营销人员们了解了创业的本质，以及创业者所背负的使命和目的不只是销售产品及囤积财富。没错，我的演讲核心就是鼓励和加油。但我也了解到，我必须通过演讲来定义我们的事业，清楚我们真正的使命。

让所有人拥有自己的事业

安利是帮助他人的事业。我们有雅姿、纽崔莱以及其他各种产品，它们是人们通过经营安利来赚钱的工具，但这项事业的真正魔力在于帮助人们过上更好、更富裕的生活。这一直是安利关注的焦点。安利营销人员正是通过销售产品取得了成就，他们的目标十分明确。**安利的创业理念，是要让所有人拥有自己的事业**。我和杰的目标是拥有自己的事业，我们也认为全世界的人们都想拥有自己的事业，我们一直认为这是成功的基本动力。人们时常对我的话感到惊讶：安利是一项资产，一项他们可以拥有及经营的事业。”

安利提供给营销人员更好的产品和崭新的经营方式，永远都在丰富人们的生活。在对美国联邦贸易委员会一案作出裁决之后，一名法官对我说：“安利是继超市之后我看到的最具有营销潜力的全新方式。这是除了商店之外我所见过的唯一的新事物。”传统的挨家挨户推销的方式源远流长，甚至可以追溯到我祖辈之前。但是这种直销模式是全新的，今天回顾起来，我们比创业之初更加明白，它提供了世上少有的机会，可以让人们白手起家，累积可观的收入。

安利成功以后，格雷斯集团（W. R. Grace & Company）和我们取得了联系，该公司拥有一家大型化学公司、一家航空公司和一家大型海运公司。他们正想开展多元化经营及扩张，也考虑到了直销事业，就表示了收购安利的意向。那时，我们只是一家小肥皂公司，生产一些家庭用品。格雷斯集团的两名主管要求跟我们商谈收购的可能性。我和杰无意出售安利，但决定听听他们要说些什么，部分原因是好奇安利公司在潜在买家眼中的价值。他们开出了一个价码，但我们告诉他们，安利是不卖的。这两位主管说，公司仍然打算扩张，在辛辛那提有一家工厂可以生产同类产品，格雷斯家用产品公司也已成立。

“如果你们不想出售公司，”他们说，“我们就会启用格雷斯家用产品来与你们竞争。”

那时，我对他们说：“好极了！如果你们想这么做，就去做吧。我会给你们一份安利创业资料，里面附有完整的销售计划。你们遵照计划去做的话可能会做得不错。如果你们要做，我希望你们马上就去做。”

他们果真成立了格雷斯家用产品公司，但我丝毫不以为意。数年后，在缅因州巴尔港，我碰巧遇到了彼得·格雷斯（Peter Grace），在此之前我从未和他打过照面，但我认出了他，自我介绍说我是安利公司的老板之一。我问：“你们的格雷斯家用产品公司经营得如何？”

他说：“你明明知道。”

我告诉他，我真不知道，因为我没有注意这家公司。他告诉我，他们已经关闭了这家公司。我说：“我不明白。我给了你们主管一本手册和一份安利创业资料。里面写得一清二楚。你们只需要照做就好了。”

他趋身向前，戳了戳我的胸口：“年轻人，你故意删掉了一些东西！”

全心帮助别人，就是成功的第一步

在拉斯维加斯召开的安利50周年庆祝大会上，我在演讲中提到了这个故事，我对营销人员们说："今天，我要告诉大家我们在创业资料中删掉了什么。假如你们把它从你们的创业资料中删掉，或者从你们的事业中拿掉，你们的整项事业都会失败。彼得·格雷斯认为我们故意从创业资料中删掉的东西，却恰恰是我们永远都无法放进去的，那就是助人自助，生生不息的信念。你可以通过帮助他人而取得成功。"

"这确实是老生常谈，但的确是这项事业的经营方式。"

我们明白，安利其实是丰盛人生的事业。我最受欢迎的演讲之一是《丰盛人生者》(*Life Enrichers*)，那是我在1989年发表的，当时我读了沃尔特·迪士尼(Walt Disney)所写的文章并深受感动。当时我正搭乘飞机准备前往加州，心想自己应该构思一场新演讲，就在那时读到了迪士尼先生的一句话。他写道，世界上有三种人——"水井投毒者"(well-poisoners)，总是批评别人的努力和想法；"草坪除草者"(lawn-mowers)，努力工作、纳税和做家务的善良公民，但永远不会离开自家院子去帮助别人；还有"改善人生者"(life-enhancers)，通过帮助之举或鼓励的话语去丰富他人人生的人。我想说："哇！这种人说的正是安利人。"我更喜欢"丰盛人生者"(life enrichers)这个词，也把它用在了我的演讲里，并用迪士尼先生的例子来证明，并一直公开表明这些概念来自于他。

直到今日，我仍然为安利事业的核心就是成为丰盛人生者而感动。产品销售固然重要，但真正重要的是通过销售产品，人们能赚取更多金钱来改善生活，同时有机会改善他人的生活。推荐他人加入这项事业，进而可以销售产品并带领更多人加入这项事业，所有愿意从事这项工作的人都能丰富人生。

他们的整个人生都得到了改变，不仅是因为销售安利产品而赚了钱，更是因为和积极的人们进入了一个新环境，这些人想的是该如何帮助他人，丰盛他们的人生。

丰盛人生的概念正是安利事业的基础。有好几年的时间，“丰盛人生者”是我在安利大会上的主要演讲，但实际上，我也对许多安利以外的听众讲过它。我对丰盛人生的概念很有热情，想要尽可能鼓励大众，因为他们都有可能成为丰盛人生者。直到今日，我还会写信给本地报纸报道的做出自发性善举的人们，我相信他们也是“丰盛人生者”。

SIMPLY RICH **狄维士的感悟**

直到今日，我仍然为安利事业的核心就是成为丰盛人生者而感动。产品销售固然重要，但真正重要的是通过销售产品，人们能赚取更多金钱来改善生活，同时有机会改善他人的生活。推荐他人加入这项事业，进而可以销售产品并带领更多人加入这项事业，所有愿意从事这项工作的人都能丰富人生。他们的整个人生都得到了改变，不仅是因为销售安利产品而赚了钱，更是因为和积极的人们进入了一个新环境，这些人想的是该如何帮助他人，丰盛他们的人生。

丰盛人生从自己做起

从 20 世纪 50 年代初期，我在芝加哥的纽崔莱大会上发表了《白热化》演讲，之后是《销售美国》《不流汗就流泪》以及其他在世界各地发表过的演讲，我相信它们已经发挥了关键性作用，不仅帮助安利营销人员实现了梦想，同时也帮助他们理解了“创业家”和“自由创业”的价值以及他们要丰盛人生的责任。这些年来，这些演讲对于安利获得成功的重要性不亚于开发新产品、建立工厂与管理公司。演讲中的许多层面都适用于一家成功的企业。可是只有我们能让人们相信安利，尤其是早期的安利，以及他们自己，这一切才会成真。早年的那些努力如今已触及全世界。我们的影响范围能够如此之大，正是源于鼓励更多的人加入安利事业，从而丰盛自己、子女、家人和朋友们的人生。

很多时候，我受邀演讲时都会问："你们希望我讲些什么？"我时常会听到这样的答案："就是鼓励和启发我们！我们不介意你讲的内容是什么。对我们发表一场励志演讲就够了。"

SIMPLY RICH

狄维士的感悟

不管是在事业还是人生中，人们都想要也需要被鼓励和启发，这种鼓励是安利成功的关键之一。我觉得如果许多企业或组织的领导者愿意站起来传达正面信息，它们可以获得更大的成就，不管这些信息来自经验还是内心，当然，还要再加上许多令人难忘的实例。

SIMPLY RICH

LIFE AND LESSONS FROM THE COFOUNDER OF AMWAY: A MEMOIR

“魔术”时刻

魔术队成为安利的绝佳公关和营销利器。营销人员可以向千万名收看比赛的人们说：“这是我们公司的球队。”安利公司的创始人拥有一支球队，这让我们许多人有了一种满足感。

我很高兴拥有奥兰多魔术队，但我从未刻意计划买下一支篮球队或是任何职业球队。这个机会是在一种复杂的情况中自己找上门来的。

在 1991 年买下魔术队之前，我本来在为成为奥兰多一支新成立的美国职棒大联盟（MLB）球队的老板而洽谈。当时大联盟想增加球队数目，而急速发展的佛罗里达州一支球队都没有。但到后来，大联盟决定把新成立的马林鱼队（Marlins）设在迈阿密，而不是奥兰多。在竞标棒球队失败数月后，我得知奥兰多魔术队的老板有意将其转手。我们全家考虑了一下，虽然起初我们其实对棒球更有兴趣，最终却认为篮球或许是更好的选择。我们冬季都待在佛罗里达州，那时正是篮球赛季，而在棒球赛季时，我们大多待在密歇根州。何况篮球是室内运动，比赛不会因为天气恶劣而被迫延期或取消。

因此，我们最后买下了一支篮球队，迄今已拥有这支球队超过 20 年。回想年轻时花了那么多时间练习投篮以及为中学篮球队热烈加油，我必须坦承，买下篮球队并不是出于财务考虑，而是觉得这一定会很有趣。职业球队通常不是很赚钱的事业，最大的好处在于，拥有球队成为一项家族事务，让海伦和我与我们的子女和孙辈有了共同的兴趣。魔术队的比赛成了我们家族的一大集体活动，也是祖孙三代共享的经历。我永远不会忘记球队第一次打进季后赛的情景。魔术队是一支新球队，当时从未打过季后赛，体育媒体并不太看好他们。我们没能打进决赛，但季后赛让球队凝聚起了力量，期待魔术队成为 NBA 冠军队伍，对我们家族来说是一件很令人兴奋和受鼓舞的事。

扮演好“老板”角色

我现在了解，也必须承认，只是知道这支职业篮球队属于狄维士家族，对我来说就是一个乐趣。我享受到了商业人士通常无法享受的童年快乐。孩子们也很喜欢，他们真的会注意球队的表现，并参与如何成功经营球队的决策过程。在家族聚会时，魔术队往往是聊天的主题。我们也很高兴，自从买下球队后，魔术队有一半时间都能打进季后赛。球队的长期成绩记录也很好，并且很幸运地得到了一些优秀的球员，例如沙奎尔·奥尼尔（Shaquille O’Neal）和德怀特·霍华德（Dwight Howard）。

我得到的初期经验之一是，大家期待球队老板与球员们互动。大多数新老板的问题之一是，他们无法分辨自己和教练的角色有何差别。许多老板想待在球员更衣室里当教练。起初，我想：“我要向球队鼓劲和训话，他们现在正好需要这个。”但我没过多久便明白了那不是我的而是教练的角色。我稍稍越了界，必须努力不多管闲事。买下球队早期，我会在球赛开始前去球员更衣室，留下来参加球队会议，发表训话，教练心里可能会想：“我们要去比赛了，这家伙为什么要在球员应该记住战术的时候向我们训话？”后来，教练向我稍微提了一下这件事。身为球队老板，我也要学习掌握分寸。

我的责任是雇用教练，让他好好行使教练的职责。**人各有所长，没有一个团队或任何组织的成员可以包揽全部角色。我或许有能力领导和激励安利营销人员和员工，可是我必须承认，我还不够格担任职业篮球队教练。**

教练也会犯错，但他们在比赛时必须在瞬间作出决策。你我在观看球赛时，教练正在苦思要打什么战术、下一场要派哪个球员上场、哪个球员表现不好是因为他需要下场休息等问题。有几次我们输掉了比赛，我给教练打电话说，我想向队员们讲话，向他们保证老板以他们为荣，因为我觉得，有时球员们需要直接听到老板说对他们有信心。

作为球队老板，我希望对球员们发挥正面的影响力，尤其是那些在一夜间拥有了名声和财富的青少年球员。我或许永远都不会知道我的话是否造成了影响，但我依然努力地尝试着。海伦和我会在赛季开始前邀请队员到家里来吃晚餐，我会利用这种年度聚餐的特别场合和他们说说话。因为最近比较难安排时间，现在我们会去奥兰多，在那里和队员们吃饭，不一定是午餐或晚餐，抽得出时间就可以。

首先，球队每年都有新球员或者几位新教练加入，我希望他们能认识我，并了解我为何关心球队。如果他们有任何问题，我们可以一起讨论。我也会向他们讲一点我的家族历史，分享我们买下球队的理由：希望成为队员们正面的影响力，协助他们拥有更加成功与均衡的生活。

其次，我会与球员和教练们谈论金钱及存款的重要性。球员能赚进很多钱，但能赚钱的时间其实很有限。作为职业篮球选手，不论你的体能状况多么好，或者多么妥善地照顾自己，一旦过了 40 岁，你差不多就得退出球赛了。身体总会让你失望。因此，如果想好好过完下半生，就必须为退休那天的到来做好经济上的准备。如果量入为出的话，一年的收入已足够生活、储蓄和投资了。我鼓励球员们想清楚，现在正是储蓄和投资的时机，并应规划慈善捐赠和存钱缴税。我也鼓励他们聘请投资专家，找个好的财务顾问为他们打理这些事务。不然的话，他们可能在 10 年后突然惊醒：“我的钱都花到哪儿去了？”

我为球队讲的第三件事是行为作风。我曾看过报道，某球员惹上了毒品或酒精之类的麻烦，他们的运动生涯也被毁了。我说：“你们也许听过上千遍职业球员生涯能被多么快地毁掉的警告。职业球员的处境并不容易，你们是球星，总会有人用语言或其他方式攻击你们。身为运动员、拥有竞技的心态，你们可能会本能地用语言或肢体进行反击，你们的职业生涯在那一瞬间就完蛋了。你们打了人，不管是砸了一瓶啤酒还是什么，只是一瞬间，就会被媒体曝光。你们也许会坐牢，或者因酒驾被捕，你们的才华和投入 NBA 运动生涯的努力就毁于一旦了。”

我进行这场小型演讲时，球员们都很有礼貌，也很专注。我事前告诉他们：“我只讲三个重点，所以不要担心，这不会是长篇演讲。”

我们会聊天，有时他们也会发表意见，有时则不会，但我是一定会讲话的。我拥有这支球队的时间已久，至少明白什么对球员们重要或者有帮助。球员们可以选择是否要听一个老人告诉他们该如何管理人生和金钱，但当他们的罚球和投篮失去准头、没有得到续约、钱又花光了的时候，我不希望他们想不通：“我可是个大人物。怎么会变成这样？”

痛苦决定：交易球员

我记得我们交易走的第一个球员是斯科特·斯基尔斯（Scott Skiles）。海伦觉得万分抱歉，于是给他写了一封短信，里面说：“我希望有一天你能以教练的身份重新归队。”她对我说：“我们不能让他就这么离开。他一直在付出 110% 的努力。我得写张字条给他才行。”当然，在 NBA 历练了这么多年，她也明白，不可能在每个球员离开时都写字条给他们。可是，我们依然绝对尊重球员，我想这也是魔术队被评为最值得拥有的 NBA 球队之一的原因。

SIMPLY RICH 狄维士的感悟

魔术队也成了安利的绝佳公关和营销利器。安利中心的球赛被转播到了 200 多个国家和地区。谁知道会有多少人在收看？或许几千万人？营销人员可以说："这是我们公司的球队。"安利公司的一名创办人拥有一支球队，这让我们许多人有了一种满足感。

建立对社区的认同感

你无法想象，说某件事物"是我们的，我们拥有它"是多么有力量的一句话。最近，我一直在思考"所有权"的重要性。多年来，我担任着大急流城附近的大溪谷州立大学（Grand Valley State University）董事会的董事，并给这所大学捐款。我们的社区看着这个高等教育机构由 50 年前创立时的 4 栋小型建筑发展成为有两个校区和将近 2.5 万名在读生的大学。

有人问我，我们是如何让这么多人来大溪谷州立大学就读的？这个地区没有多少校友。为什么有 1 500 人年年买票来参加募捐餐会，而会上连一名外来的演讲者都没有，人们只是向支持大溪谷州立大学的本地人士致敬而已？我想，有一部分答案在于，它已成为"我们的学校"——设立在社区内，并在地方捐款者的支持下发展。本地社区成员有了设立新州立大学的构想，并神奇地让大众接受了它，从此建立了一所可被称为"我们的大学"的地方大学。

有时，地方大学会和社区产生摩擦，比如学校不必缴纳房地产税所导致的紧张关系，或是学生行为不良引发的事故，或是纳税人必须负担的额外的警力或防火成本。但在这里，小区居民以支持大溪谷州立大学为自豪，甚至称之为“我们的学校”。我曾获颁荣誉博士学位，所以我也称大溪谷州立大学为“我的大学”。我们的学校、我们的教会这种观念，也就是对自己参与或尊敬的事业的归属感，应该成为文化的重要部分。

当人们把大急流城视为自己的城市，便会有不同的感受，甚至连开车方式也会有所不同，我们更能克制自己。如果你认为这是你的城市，在街上跟陌生人打招呼时，你会说："欢迎来到大急流城！”因为这是“我的城市”，是“我们的城市”。人们自觉拥有某项事物的感受，会让现状大大改观。

我认为这也是安利公司的与众不同之处。安利的每一位营销人员都可以说："这是我的事业。”这种“我们”的概念是一股强大的动力，只要有可能，我们必须竭尽全力。

“我们的城市”

最近谈到的“我们的”这一概念，或许是我享受成为球队老板的感觉以及明白所有球迷和我都可以说出这是“我们的球队”的原因。**我对能拥有一项事业感到很自豪，更令我自豪的是，我知道全球有多少安利营销人员都能说出这样的话——“这是我们的事业：我们拥有它，投资于它，参与其中，决定如何经营，并与家人分享它的成就”**。这正是海伦和我支持大急流城城区发展的原因。大急流城是“我们的城市”！我们觉得自己对本地的生活质量和持续发展负有责任。我想居住在一个可以丰盛生命的社区里，这是我一生的志向。

我也很高兴能够对奥兰多的社区产生影响。我们拥有城里唯一的大联盟球队。奥兰多市政府和安利密切合作，协助兴建一座体育馆，是因为他们知道球队需要一座新场馆。这座城市为安利着想，安利也就试着善待奥兰多。安利和球员们回馈社区，包括给中佛罗里达大学（University of Central Florida）的赞助计划和对年轻运动员的赞助计划，球员也会去医院探望生病的孩子。我认为，与本地年轻人的互动可以让这些球员感受到更大的自我价值——随着与孩子们建立起关系，他们也建立起了自尊心。我们为球员们的参与而感到骄傲。

SIMPLY RICH

狄维士的感悟

对我来说，魔术队是我人生中的一个“为什么”的问题。为什么我能得到买下一支篮球队的机会？为什么我会接受？或许是因为我有这个能力去帮助年轻人过更好的生活，又或者是因为我有机会在奥兰多的社区内造成积极的影响。拥有一支 NBA 球队教会并提醒着我在人生中发现的许多重要原则：认识拥有的价值，为社区奉献，与家人分享，对年轻人进行教育，还有获胜的喜悦。20 多年后回顾得到买下球队的机会时我才明白，当时我其实不知道，我决定的不只是买下一支篮球队这样简单的事，还有许多更重要的事。

SIMPLY RICH
LIFE AND LESSONS FROM THE COFOUNDER OF AMWAY: A MEMOIR

“想要”vs.“必要”，财富的真正价值

得到财富和名气从来都不是我的目标，而是我终身工作与持续创造独特机会的成果。我极力尽到了对员工和营销人员的责任，因为安利要养活数千人，我无法想象安利失败、让大家陷入险境的情形。

今天，我们似乎生活在一个对名声与财富趋之若鹜的社会中。我无法否认，我已累积起一笔财富和一定程度的名声，可是我得到的财富与名气从来都不是我的目标，而是我终身工作与持续创造独特机会的成果。

我真的不清楚我是在什么时候成为百万富翁的，这或许是因为我和杰时常将大笔资金重新投入事业，尤其是在创业初期，因此自己的收入其实很少。可是有一天，你睡醒后会说：“哇！这家公司已经值好多钱了。”那种感觉与我个人有了很多钱不同。我记得本地大学校长来邀请我捐款的时候，我对他说：“我没有那么多钱。”

他说：“可是你有一家大公司。”

“我们确实有一家大公司，”我说，“但我个人没有那么多钱可以捐赠。有一天会的，而现在我们正在将大笔资金重新投入公司。”我们并没有从公司的资金中拿走很多，所以我才会对奥兰多魔术队的队员们说：“如果你们赚了钱就拿去享乐，那么有一天你们会问：‘这是怎么回事？我的钱呢？’”

对我和杰来说，最初必须对公司负起的责任是发薪水。企业界最常见的失败就是无法支付员工薪水。发薪水可不是一项微小的责任：你得有钱才发得出。

当我和杰开车翻越埃达城附近的山丘，俯视安利园区里的工厂、办公室和仓库时，我们会说：“这真的很了不起，对吧？”有一次，我问杰：“你在这座山上时有什么感觉？”他说：“我有点惊讶，可是不会花很多时间感叹。我一心想着该怎么把它做得更大。”这是我和杰一直在讨论的——如何把事业做得更大更强？公司的规模和价值并不重要，重要的问题是：如何使其壮大？如何与更多人分享希望与盈利的观念？如何激励整个世界，让人们知道每个人是多么有价值？

这才是安利事业的真谛——帮助他人获得成就、改善生活。信仰、希望、认同与回报，这些都是安利事业的代表特质。我和杰成长于大萧条时期，还参与了一场战争，这些让我们不断地思考“价值”与“行为”的意义。帮助他人的伦理观在如今的某些时候已渐淡薄，人们不像以前那样乐于助人。**“谁在乎其他人？只要我得到自己的一份就够了。”安利事业中向来不存在这种态度，我们的重点在“他人身上”。**

妥善运用金钱

在创业早期，我和杰会邀请安利营销人员到家里来，我俩是邻居。我和杰的住宅绝对称不上豪宅，与今天的许多住宅相比可能又小又平凡，但我们十分自豪。我和杰的住宅就盖在山丘上一块林木茂密的土地上，在那儿可以俯瞰河流。一些营销人员对我们的房子啧啧称奇，不过，房子是大是小其实不重要，重要的是，公司创办人邀请他们来家里做客。我们是在向营销人员表达感谢，而并非想要炫富。

我和杰从来不认为自己是有钱人或很了不起，也不会假装如此。我们开的车很普通。杰的父亲经营普利茅斯和迪索托汽车，这些车就是我们的选择。直到事业颇有进展之后，我才买了一辆凯迪拉克。我和杰成为百万富翁，是因为一心一意要帮助营销人员赚钱。我们不断将资金重新投入公司，所以在很长一段时间里，我们的收入并不多。就像我在前面说过的，我们并没有从公司的资金中拿走很多。

回首往事，我明白我和杰极力尽到了对员工和营销人员的责任。安利要养活数千人，我无法想象如果安利失败、让很多人陷入险境的情形。这种责任对两个年轻人来说可谓重大。况且，我不认为我们两人可以面对安利公司失败的可能性。**因为对我和杰来说，安利不只是一项事业。安利是我们的理想、骄傲和喜悦，它证实了我们自由创业的理念确实可行。**我们考虑的是家庭、子女、学校和储蓄——存钱和有一笔预算。我们总会将 1/10 的收入捐给慈善机构和教会。

在孩子成长的过程中，我会时常与他们讨论金钱，谈论与财富相伴的一些可能的陷阱。他们现在都已成年，但我们依然会讨论这方面的事。孩子们都能很好地承担财富带来的责任。当你拥有财富时，就有了许多选项；而你贫穷时，就不会有太多选项。因此，当孩子向你要钱时，你说你没有，那就没得谈了。但在我家，当孩子对我们说：“给我买辆车行吗？”我们会讨论一定买或坚决不买的理由，还会问他们应该买新车还是旧车。“我们买不起”这个选项根本不在考虑之列。

宠坏孩子很容易，但老实说，我不认为我的孩子们被宠坏了。虽然孩子们拥有大笔财富，但我不担心他们乱花钱。我知道有的孩子不会理智地利用家庭财富，而会作出糟糕的决策。这种情形或许会发生在那些只会伸手拿钱却不懂该如何赚钱的孩子、永远不必去工作赚钱的孩子或者从来不被期待自己赚钱的孩子身上。我希望我的孩子们会去工作。他们都选择在安利工作了一段时间，从工厂、仓库到行政办公室进行轮流体验。他们学习安利运作的基础，成为部门成员，熟悉这项事业。我的孩子们并没有被强迫工作，但他们都明白工作是人生中重要的环节，也很乐意去做。我们还在附近买了一栋避暑小屋，好让他们在学校放假时能在埃达城工作。他们每天早上开车上班，就像其他孩子在暑假时打工赚钱一样。

这种工作伦理被完整地传给了我们的孙辈，他们在年满 16 岁之后可加入“家族协会”（Family Assembly），接触到各项家族事业的利益。他们要等到 25 岁时才有投票权，不过他们可以开始参与、学习以及表达意见。我们有一项明确的流程，尊重他们、教导他们责任感，同时帮助他们了解工作的价值。

在积累了财富以后，你必须决定其价值以及分配方法。我和海伦结婚之初，她建议将 1/10 的收入存起来，而不是等着看能“剩下”多少可捐。我们不仅做到了，而且做得比建议的更好。那笔钱现在存在基金会里，我们可以用很明确的方法规划捐款，并预备好资金，等哪个机构或项目寻求资金支持时，便不必再“从口袋里掏钱出来”，我认为，这让海伦和我能更慷慨地开展公益事业。

此时，你总会遇到一个问题：“我应该拥有这么多财富吗？”**在这方面，我觉得是因为上天分配给我们一些钱以作享乐之用，一些钱去体验世界，另一些钱去投资以扶持经济增长和创造就业机会，当然，还有一些钱去与那些有困难的人分享，并不是因为我们比较优秀或是有权得到更多钱，我们只是被委托管理这笔钱，所以要格外负责。你要确定个人消费不会凌驾于慈善捐款之上。**在你掌握了留出部分捐赠金额的预算流程之后，剩下的金钱便可用在任何地方，包括购买房产、飞机或游艇。你当然可以说，你并不需要这些东西，可以再多捐一点。这没错，可如果你持这种想法，那么除了坐公交车之外就什么事都做不成了。

但是，如果你“热爱金钱”，那么你或许根本不该拥有财富。

我曾买过一架大型直升机，但在仔细考虑后，我说："我不需要它。它太大又太吵了。"它对我来说过度了，我对于花太多钱在并不真正需要甚至不是非常想要的东西上感到很内疚。于是，我卖掉了它（奇怪的是，我还赚了一些钱）。

当你有几乎花不尽的财富时，必须用大多数人永远不必考虑的方式去决定做或不做某些事，因此你要克制膨胀的自我，克制"炫富"的欲望。我觉得买下那架大型直升机是不对的，因此我着手解决了这一问题。没错，今天我依然会搭乘私人飞机和直升机，但这些举动绝对不会影响我捐赠的慷慨度。

SIMPLY RICH **狄维士的感悟**

然而，我和杰最终达到了负担得起各种事物的水平。那么，我为什么不买比现有的更大的房子、游艇或飞机呢？有时我也会问自己这些问题，答案可能是尽管去买，也可能是我没有理由买。有时候，更大的飞机、房子或游艇未必有更多功能。不过，你总会走上成功的台阶，因此必须决定为何要做或者不做某些事。如果有额外的钱，我们可以有其他选择，比如多捐一点给慈善机构，或者多存一点、多投资一点（这是一种资助商业创意和使他人成功的方式）。

化负面宣传为正面力量

和必须开始决定如何处理财富一样，我同时也必须学习该如何处理日益彰显的个人名声。当安利公司的成功逐渐广为人知、越来越多的外部团体邀请我去演讲时，我非常感激他们的赏识。在创业之初，我们受尽嘲弄，经受了各种骂名。医学界对我们销售的维生素的态度尤为刻薄，一些医生研究过营养方面的议题（一名医生告诉过我，不过是皮毛而已），但当时的大多数医生尚未认真看待维生素和矿物质的健康辅助作用。安利甚至被联邦贸易委员会起诉，被污蔑为老鼠会，后来才慢慢得到认同。

最后，我们听到的不再是批评，有媒体开始报道我们，这是因为安利做的事让人们的生活得到了改善。即便是联邦贸易委员会官司的负面影响也变成了正面力量，因为安利公司的合法性从此获得了证明。我和杰受邀加入越来越多公司的董事会，这些董事会的成员尊重我们，倾听我们的意见。企业界人士对我和杰的看法很着迷。

有一次，我在密歇根州米德兰（Midland）的陶氏化学公司（Dow Chemical）的活动上发表了《人类的原料福祉》(*Man's Material Welfare*）演讲。这次演讲旨在说明人类如何利用原料制造产品在自由市场上销售以获取财富。这家大型国际企业也想倡导自由与自由创业，便利用我的演讲作为员工培训的教材。人们不再一味忽视安利，转而向安利事业请教和学习。随着安利在世界各地的发展，我们逐渐得到认同，人们甚至会对安利所做的事感到惊讶，在自由土地上为所有人带来自由创业机会的信息也流传开来。

安利和身为共同创办人的我的知名度与日俱增，并没有给我带来任何不同。我和杰对我们做的事感到很开心，也很高兴看到事业的发展、越来越多的人受到吸引。成为名人意味着人们对你的看法会发生改变，有人会对你更感兴趣，有人则不会在乎。我们发现，关注安利的人通常是对创业，尤其是开创独特的事业有兴趣的人。安利的销售计划所取得的成绩让人们为它的成功感到意外。当初没有人想到，通过帮助他人来帮助自己的这项事业能够发展到今天的程度。

我已经习惯成为大急流城的头条新闻。我和杰一夜之间便被视为杰出市民、大人物和为本市做出贡献的人，这种认同除了来自我和杰作为市民的责献，也来自安利事业的规模。许多新大楼以我和杰命名，我们俩的名字到处可见，不可忽视。

多年来，当我在世界各地面向营销人员发表演讲时，听众们总会热烈地起立与鼓掌，有人问我对这种掌声有何感想。站在设有数万人座位的体育馆后台，听着对你的辉煌成就的介绍，然后在走进聚光灯下时听见如雷的掌声，这是一种非常令人陶醉的体验。

但我也在努力不让自己被掌声冲昏了头。我知道，自己是受上天恩典而获得救赎的罪人，不是明星，虽然有些人好像是这样看我的。我觉得身处那些时刻的感受是一种感恩的心情。到场的许多营销人员白手起家，通过安利提供的机会建立起了成功的事业，他们是在对这个机会表达感谢。**安利有个悠久的传统，那就是我们会起立欢迎所有演讲人，以示尊重和认同。我们为许多营销人员起立和鼓掌，是因为我们认为站在我们台上演讲的都是重要人物。**

当然，每当在安利以外的机构演讲，我的心态都会略有不同——积极的回应很重要，会让我感到骄傲。如果没有人起立鼓掌，我会猜想是不是因为我讲得不好。我的演讲向来是正面、积极、爱国的，所以我会问自己：“这种积极回应纯粹是因为我传达的信息与听众大多数时候听到的不一样吗？”他们会听到总统、政客和新闻媒体谈论美国的各种问题和情况有多么糟糕。他们想听到一些好消息，尤其是关于美国的，因此我传播好消息时，听众便会给予热烈的回应。

因此，安利形成了赞美与认同良好表现的文化。我们不会只说声感谢，再给予礼貌性的鼓掌，我们会起立并欢呼。每个社群中的各种人都值得被认同，但他们是否经常面对欢呼呢？在安利，我们会热切地起立鼓掌以表达认同与感谢。

我和杰的愿望一向是辛勤工作，为世界带去积极影响。或许我的著作和演讲已经影响了人们的生活。如果真是如此，我会心怀感激。**安利的目标是让有兴趣的人都拥有成功的机会。即使不销售产品，在这个社会上，人们能够在每周例会上听到说他们的生活有多顺利、他们的公司或国家做得有多好这种鼓励的话语，也是一件很美好的事。每个人在生活中都应该有这种积极态度。**

我认为人们喜欢我的演讲，不仅是因为我创立了安利，更是因为他们有机会实现创业梦想。人们渴望听到别人说他们没问题，很好，很能干。我的目标不仅是要鼓舞他们，还要提供给他们机会去发挥潜能。人们想听到“你做得到”，而我很乐意对他们这么说。

SIMPLY RICH **狄维士的感悟**

因此，安利形成了赞美与认同良好表现的文化。我们不会只说声感谢，再给予礼貌性的鼓掌，我们会起立并欢呼。每个社群中的各种人都值得被认同，但他们是否经常面对欢呼呢？在安利，我们会热切地起立鼓掌以表达认同与感谢。

用正面力量鼓励所有人

当你的名字第一次上报，你会把报道剪下来，担心自己之后也许再也不会有这种机会了。我还记得第一次向安利以外的团体演讲，就是第一次发表《销售美国》演讲后，我在报纸上寻找相关报道，可是我猜那场演讲没有重要到可被写成一篇报道。随着时间的推移，我越来越成功，媒体开始报道我的演讲，这让我感到很满足。现在，安利和我时常在媒体上曝光，媒体一般会支持我的言行，有时也会反对，不过这无所谓。现在我被视为社区领袖，每当公布一项活动的新闻稿之后，媒体往往会进行报道，我把这当成媒体对我一生努力工作成为成功人士，尤其是想对他人的生活发挥积极影响力的目标的认同。

我的长孙瑞克在读高中时曾向他的父母抱怨我的名字出现在太多大楼上，害他被别的同学嘲笑。我对他说："瑞克，你碰巧出生在这里，我们的家庭获得了成功，做的是帮助他人的事业，单是这点就意义重大，值得认同。所以，我们的姓名才会受到媒体的关注，出现在大楼上。不过，那也是因为我们出钱建了那栋大楼，或者是筹集建筑经费的主力。因此，你不必为狄维士的姓氏随处可见而感到尴尬，你应该感到骄傲。瑞克，我认为出生在这种家庭里是一种福气，因为我们家人所做的事值得被谈论。"

之后，我再也没有听过他的抱怨。他长大后做了一些对 20 岁出头的年轻人来说很了不起的事，包括创办"艺术奖"（ArtPrize）比赛。这个活动吸引了世界各地的数千名艺术家来到大急流城，还有数十万观众前来观赏及票选他们最喜欢的作品，获奖者可以赢得可观的奖金。现在，他上报纸和全国性杂志的次数已经比我在他这个年纪时多了，我非常以他为荣。

推崇所作所为值得媒体报道，或者值得听众起立鼓掌的人，是我们需要建立的习惯。我的演讲获得掌声时，我认为那表示的是观众赞同我所说的话，而不是在称赞我个人。没错，获得欢呼确实是很棒的感受，但我不会让自己被骄傲冲昏了头。我知道每次演讲都必须获得尊重。我和杰正好从事需要啦啦队队长的职业，于是我就成了一名啦啦队队长。

我是个积极的人，会用积极的眼光看待事物，总是站在各种问题的积极面。曾有人指责我的批判性不够强，或是不能尽快挑出错误，这完全正确。

我不常看到过错，不擅长看见消极面，我的天性是在人们身上寻找积极面。我明白，在人生中需要保持一点戒心，多一点批判，但那不是我的风格。**我认为每个人身上都有一些优点，几乎每个人都有值得称道的地方，或许这种态度正是让我拥有财富与名声的关键。**

SIMPLY RICH

LIFE AND LESSONS FROM THE COFOUNDER OF AMWAY: A MEMOIR

12

家族传承，安利长盛不衰的秘密

我们通过“家族办公室”传承使家族在人生和事业方面成功的价值观，鼓励子女们实践相同的价值观。如果家族第三代有在安利工作的意愿，必须取得大学学位并在其他企业工作数年，才有资格回来应聘安利的工作。

家族事业！这个名词始终被美好的光环包围。“家庭”是安利事业的四大基础之一。事实上，大多数安利营销人员都是夫妻一起合作，甚至子女也参与其中。我和杰总是骄傲地对营销人员说，安利是一项家族事业。营销人员们可以相信，我和杰身为这项事业的主人，对于安利该如何经营有着最终决定权，这项权力与股东无关。因为安利是我们自己的事业，安利短期与长期的成功对我们来说都很重要。我们也向营销人员做出保证，我们会根据自己曾经成功创业的经验，做出稳健的事业决策；我和杰会根据我们的成长背景和原则，善待员工和所有的合作伙伴。

今日，我依然为安利是一份家族事业而感到骄傲。我最小的儿子道格担任总裁，而杰的长子史蒂夫担任董事长。他们两人合作的模式正如我和杰一样，这让我很感动，而且他们遵循着稳健的原则来经营一家规模高达数十亿美元，比我和杰经营时更大、更复杂的国际企业。

杰的 4 名子女和我的 4 名子女到了上高中的年纪之后，我们心想，他们中至少有几个将来会为家族事业工作，所以他们必须到不同部门工作，以了解安利各部门的运营方式。我和杰的每个孩子都要在安利各部门工作 6 个月，累计取得 5 年的经验。他们在仓库、工厂、研发实验室和办公室等处工作，日班与夜班都要上。有些人是在高中时以暑期工读的方式开始这项训练的，就像其他孩子去打扫地板或修剪草坪一样。我的长子有一段时间担任的工作是导览员。他向来宾自我介绍的名字是“狄克·马文”（Dick Marvin），马文是他的中间名，这样来宾就不会知道他是我的儿子了。狄克和其他人一样从基层做起，学习在流水线上工作。当然，每个孩子在5年训练期间所做的工作，后期都会变得越来越复杂。

20世纪90年代初期，我的心脏病开始恶化，需要做搭桥手术。病情使我无法工作。那时，狄克已经在安利工作了大约15年，最近5年他担任的是国际副总裁。他不眠不休地工作，有几年时间离开安利去自己创业，但我要求他回来接替我的职位。杰后来也出现了健康问题，打算将日常职务交托出去。所以，在狄克接替我的职位数年后，我和杰认为他的儿子史蒂夫是有资格接任董事长的人选。

狄克和史蒂夫接替了我和杰之后，快马加鞭地处理了一些棘手的挑战。例如，他们要引导公司度过20世纪90年代后期销售下滑的危机。由于销售额滑落，狄克和史蒂夫还必须做出艰难的决策，裁减员工人数、调整管理层以及改变公司结构。当时狄克告诉我，公司需要贷款以支付裁员费用，因为销售收入不够负担这笔金额。

我说：“狄克，我以为裁员是为了减少成本。”

他说：“只进行适当的裁员无法节省成本。公司需要妥善列出名单，结算工资，再帮他们找到新工作。”

回想起来，我明白我和杰一直不愿意做出裁员决策的原因。我和杰不想去面对这个决定，我们想，下个月或明年情况就会好转，公司就会没事了。狄克和史蒂夫不但做出了艰难的决策，还用了正确的方法去处理，很快就让安利公司恢复了盈利。

狄克在接任总裁时说：“我给自己6年时间来做这份工作，然后我打算改变。”他的话没错，不过他做了10年才打算离开。那时，我的小儿子道格已完成培训，先后被派驻在比利时的布鲁塞尔和英国担任地区总经理，接着升任亚太和全球营销人员关系资深副总裁以及安利的首席运营官，他已经准备好接棒了。

狄克已准备好迎接新挑战，迫不及待想重回他自己创立的公司。现在，他和妻子贝齐拥有及经营着数家公司。他也是我们的“家族办公室”内RDV公司的董事长，专门处理安利和魔术队之外的各项狄维士家族的商业活动。他还肩负起了一项全新的责任，即接替家族领导的地位，扩展家族利益结构，以鼓励后代接班，维持大家族的繁荣。

除了管理安利和魔术队之外的事业，“家族办公室”的一项重要功能是让家族成员定期聚会，决定重要的家族事务。我们成立了“狄维士家族议会”（DeVos Family Council），由我的子女们及其配偶组成，每年开会4次。“家族议会”刚刚通过一项家族规章，它完美地传达了家族的使命和价值观。我们认为这个方式可以鼓励和确保海伦与我身体力行的重要原则，传递给后代子孙。“家族议会”同时也会讨论如何共同管理家族财政和慈善活动。

我们“家族协会”的成员包括祖孙三代——海伦和我，我们的子女、配偶以及孙辈，每年集会一次，所有家族成员都要出席。孙辈在年满16岁以后将在一个正式仪式中加入“家族协会”，所有成员都会出席观礼。叔叔或阿姨会介绍他们的成就，提醒他们未来将担负的责任，并确认他们成为“家族协会”的一分子。他们有资格受邀参加集会，讨论重要的家族事务。等到年满25岁，符合更多资格、可以承担更多责任之后，他们便能在开会时投票。

我们还通过“家族办公室”拟定了一项计划，教导孙辈事业原则，领导与团队合作等技能，以及传递使家族在人生与事业方面成功的价值观。这些价值观是海伦和我从小到大所奉行的准则，我们认为，子女也应该鼓励第三代去实践这套相同的价值观。

我认为，如果一些孙辈有在安利工作的认真意愿，必须取得四年制大学学位并到其他公司工作数年后才有资格回来应征安利的工作。

和妻子海伦相遇

家族对我意义如此重大的理由之一，或许是从我成长的家庭到和海伦的婚姻，再到将子女养育成人，最后到看着孙辈长大的过程中，家庭一直扮演着重要的角色。我已经和大家分享了幸福的童年回忆，它塑造了我的一生。充实的经历必然使我受益良多，使我娶妻生子，有幸建立起和我成长的家庭一样美满的家庭。

正像杰·温安洛开车带我上学从而使我们展开了终身合作一样，我和海伦也是因为一趟短短的车程相识的。1946 年一个怡人的秋日，我坐在朋友的车上行经大急流城东南的一个社区，看见两个女孩结伴而行。我的朋友认识她们，因为她们和我们在同一所大学就读，于是我们便停下来，问她们要不要搭便车。她们说快要到家了，再走一会儿也没关系，但在我们的怂恿之下，她们上车了。

那趟车程很短，过了一个路口就是她们要去的地方。我们送她们下车，第一个女孩在礼貌性地说声“谢谢”之后便走了，于是我拦住第二个女孩，问她刚才那个女孩的名字。她拿走了我的一本教科书，在上面写下“海伦·温韦赛”（Helen Van Wesep），并附上了海伦的电话号码。那本书我还保存着，但我必须老实说，我把海伦的号码给了另一个朋友，他给她打了电话。

无论如何，我们还是认识了，过了一段时间，我终于打电话给她。那时我和杰的飞行学校已经关闭了好几年，不过我的人脉还在，于是，海伦和我的第一次约会就是在一个晴朗的星期日午后搭乘飞机欣赏大急流城的美景。我们在那之后仍然继续约会，但同时也和别人交往。约会一段时间后，我们会有一段时间不见面，然后我会再打电话给她，就这样持续了一段时期。直到夏末的一天，海伦去探望一位当教师的朋友，我和杰停泊小艇的地方就在她的木屋附近。海伦带着朋友的两个小女儿去散步，她们想去看看那些船。

我正好在那里载叔叔婶婶去坐船，看到她们走下码头时，我再一次问海伦要不要搭个便船。两个小女孩很兴奋，于是她们三人上了船，这又是一段很短的航程——到加油码头去加油后便返航，因为长辈们已经下了船。这次偶遇让我想再次见到海伦，这一次我明白，我已经爱上她了。那一年年底，我们便开始谈婚论嫁。

那个年代还不流行找牧师或是其他专业人士进行婚姻咨询，但海伦和我明白，我俩在最重要的价值观方面十分相配：除了彼此相爱以外，我们还有着共同的宗教信仰、相似的家庭背景和价值观。在这个坚实的基础上，我们还欣赏彼此的能力、个性和人生计划，海伦和我的婚姻已经持续了 60 多年，我们一直很恩爱。我们有 4 个孩子，我们深爱他们并以他们为荣；孩子们结婚后又给我们添了 16 个孙子孙女，现在还有两个宝贝曾孙女。这些年来有人问我，为何我们可以把子女教育得这么优秀，我只能说，上天祝福身为父母的我们俩。我还要说，海伦的功劳最大，她是个全职母亲，而我把大部分时间都花在创业、在夜里加班和出差上。对于子女们在长大后都成了能干、努力工作且慷慨的人，我非常感恩。

重拾冒险乐趣

在子女的成长阶段，我最重要的一件事就是在做全年计划时留出家庭活动的时间。首先是生日，然后是孩子们会参加的学校活动，孩子们再大一点后，我们会参加他们的体育活动。节日一定要空出来，因为许多节日我们还是与整个家族一起庆祝的。家庭极为重要，我们尽了最大努力聚在一起，共同开展活动。正因如此，我很早就决定放弃高尔夫球运动。孩子们还小的时候，高尔夫球并不适合作为全家一起参与的运动。在我那个年代，有孩子的年轻父亲通常会在星期六和一群朋友去打这种小白球，这就意味着在每个星期六早晨丢下你的家人，我不能那么做。

尽管我和杰早年的乘船冒险并不顺利，我还是一直热爱帆船。20 世纪 60 年代中期的一个周末，海伦和我出游，住在密歇根州索格塔克河（Saugatuck）上的船旅馆里。住在这里的第二个晚上，我们正坐在阳台上，一艘帆船想停泊在这里，于是我冲过去帮忙拉住绳索。我们系紧绳索后，我得知那艘船是三人共有的，他们打算将其出售。（三个船东？难怪要把船卖掉！）我趁机把船里里外外、上上下下地仔细检查了一遍，又跟水手们聊了聊船的航行系数等话题。我回去对海伦说，那艘船要出售，结果我们的谈话就带来了新进展。她知道我热爱航行，我也说过将来想再买艘帆船，在不经意间，机会就送上门来了！我们夫妻两人才单独出游两回，突然间就要面对可能以有趣的方式改变生活的决定。我们跟船东约好日子试驾，满心期待着那一天的到来。

等那一天到来后，我们带着两个儿子同行，但在到达湖边后却差点放弃。船上的水手开心地说，浪头好大，有 3 米高。我可就没那么开心了，因为我知道海伦惴惴不安，两个男孩的眼睛也瞪得圆溜溜的。不过，我们还是上船了，穿上救生衣（救生衣年代久远，还有大大的领子，很难穿），把船开出水道。原本开得好好的，结果船被一下子拍到了湖边，一侧已经倾斜。我看到海伦坐在高的那一侧，一手抓住绞盘稳住自己，另一手抓住一个孩子。她让两个孩子坐在甲板上，叮嘱他们要抓牢彼此。

那几位水手兼推销员呢？他们挂在主桅上抱着主帆，开心得很。等我们终于安定下来并回到码头上时，我和水手们都很好奇海伦会有什么反应，毕竟，如果我们买下船，她也就成了船东，而她在试驾时显然不是很开心。可她让我们大感意外（她说她会向不可避免的事屈服），她说她觉得那艘船很适合我们全家，从那天起，我们便成了船东。

航行哲学

那项决定带来了意外的结果，但都是积极的，并一直延续到了今天。虽然算是重新开始，但航行对我们家来说意外地成了一项很好的运动，因为可以共同分享一种感觉。航行自然而然地教导孩子们要负责任。因为船上的起居空间有限，一定要收好衣服才不会害别人被绊倒；需要马上整理好睡铺，大家才有地方坐。孩子们很快就学到，打扫是船的主人必须做的事情之一，包括清洁船舱以外的地方。每天早上，都要擦干甲板，擦拭扶手，船只需要被整理一番，以为当天出航作准备。狗要被带出去遛——没错，我们把狗也列入了旅客名单。

这艘船让我们有机会用特别的方式旅行。在很多年里，一到夏天，我们就会花上 3 个星期在密歇根湖旅行，从一个港口到另一个港口，直到西岸。我们通常一天只会航行 80 千米。我们学到的另一个道理是，不可能驾船由 A 点直接到达 B 点，所以路上要花很多时间。拥有帆船真是件苦差事！我试着一大早就出航，因为孩子们会不耐烦，到了差不多下午两点，他们就想下船去玩了。

如果湖面平静、可以巡航的话，我就会利用那段时间指导孩子们打磨扶手并准备上漆。船上有很多扶手需要清理，他们总是愿意帮忙。等抵达目的地，我们会在港口停靠，上岸去玩球或在镇上散步，吃冰淇淋或牛奶软糖。

他们对此有着愉快的回忆，还有那些小镇也刻在他们的回忆中——彭特沃特（Pentwater）、白湖（White Lake）、勒丁顿（Ludington）、利兰（Leland）、弗兰克福（Frankfort）、沙勒沃伊（Charlevoix）、佩托斯基（Petoskey）、哈伯斯普林斯（Harbor Springs）和北角（Points North）。

在各港口之间航行也教会了孩子们提前规划和及早出发的重要性。遇到浓雾或困难的状况可以让他们学会早点出发才能准时抵达目的地的道理，如此一来，即使天气变坏，你也不会疲于应付——因为早已停好船准备过夜了。旅途中只有我们一家人，没有电视、手机或计算机的干扰，大家在一起聊聊去过的地方、白天发生了什么事，计划明天的航行策略，确认下一个灯塔或标的物的位置——总之就是大家一起聊天。孩子们在船上是跑不远的，所以，我们可以一起聊聊生活中的各种话题。我希望这些谈话和我们为孩子提供的这些经历能对他们有所帮助，后来，他们甚至还学会了驾船。

潜移默化的家庭教育

领导力是可以通过教育获得的吗？我的孩子们见过领袖，但成为一名领袖却不是学校课程的一部分，他们必须边做边学。**我认为领导能力必须通过实践来发掘。企业家们往往会发现自己身上有着自己从没想过的领导力。我很高兴看到自己的子女后来都成了优秀的领导者，我想，那是耳濡目染的结果，毕竟，他们一直在看和听知名领导者们谈论该如何应对不同的局势。**看到领导者如何展现领导能力，可促进、培养领导力。我的儿子丹（Dan）在安利工作了 13 年，专门负责营销人员关系，他在任期的最后 13 个月里和家人住在东京，当时负责管理 8 个亚洲市场。回到美国以后，他决定跨出大胆的一步，自行创业，后来在西密歇根开设了 20 多家汽车与福克斯赛车店（Fox Powersports）。他拥有一支小联盟的曲棍球队，还拥有其他事业，最近更运用其商业才能来为我们的家族管理奥兰多魔术队。

我的女儿谢丽也参与了安利事业，担任全球化妆品事业副总裁，在数年内替我们管理着魔术队，在那段时间里还生育了 5 个孩子。她也加入了安达高（Alticor）及安利董事会，而且是她的母校霍普学院（Hope College）的董事。她的确是个领导者。我的儿媳们也有着很强的领导力：贝齐在地方和全国范围内都展现了政治领导力，推动了美国各地教育管道的扩大；帕梅拉在时尚产业中拥有一项成功的事业；玛丽亚积极主持着多个造福西密歇根的社区计划。

很幸运的是，海伦和我在教育孩子上的意见是一致的。这就是和家庭背景相近、信仰相同的人结婚的好处。如果父母来自不同背景，必须找到共同立场才能向孩子教授道理时，就会面临考验。可是，如果你的婚姻和我一样，你与配偶来自相同的背景，你在结婚前就会明白，两个人在哪些地方会意见一致。海伦与我唯一的不同之处在于她是独生女，所以有时，当她为 4 个孩子让家里闹哄哄而烦恼时，我就得帮她。

她会问我：“家里应该是这样的吗？他们本来就该有这种表现吗？”

我会说：“这很正常，亲爱的，不要担心；没错，他们本来就会偶尔打打架。”

多年前我在撰写《相信》这本书时，在其中一章里谈到了我的家庭观。回想我自己童年时的家庭，我想起了舒适的家、家人在餐桌上的谈话、父亲鼓励的话语、饭后洗碗时和母亲的闲聊，还有和小妹珍一起打台球的经历。我真切地对孩子们接受了海伦和我灌输给他们的价值观和信仰而满怀感激。我认为，我们家族的未来充满希望，因为我看到我的每个孙儿都开始成长、展现出领导力，并为世界做出自己的贡献。

SIMPLY RICH 狄维士的感悟

所有人都是有价值的、重要的。如果你不尊重他人，他人要如何尊重你？好的领导者要先尊重他人才能赢得尊重，同时要做个诚实、值得信任的人，言出必行。人们应该始终善待尊重他们的人，绝不能因为他们没有上过好学校或者不曾拥有和你一样的机会就轻视他们，因为那并不会让他们失去价值、变得无足轻重或缺乏能力。我们的子女在安利的工作中明白，所有人都能拥有能力。在安利的大家庭中成长是一种积极的经历。

SIMPLY RICH

LIFE AND LESSONS FROM THE COFOUNDER OF AMWAY: A MEMOIR

13 信仰与安利同在

我们选择这种生活方式的依据是人生来平等的信念。我们始终在安利实践这种平等，尊重所有人，不会限制任何人成为营销人员的意愿。我们遵照这一信念创办了安利——唯有营销人员诚实地经营其事业，他们自己才能前进。

安利的直升机刚刚飞过连接密歇根州上下半岛的麦基诺大桥（Mackinac Bridge）的两座高塔。我们慢慢盘旋着降落在麦基诺岛上的一条小型草地跑道上。我应邀到底特律商会（Detroit Chamber of Commerce）发表年会演讲，准备了一些安利的资料分享给这群成功的企业人士。最重要的是，我打算跟他们谈谈“丰盛人生者”这个概念。

数百人聚集在格兰德饭店古色古香的宴会厅里，把蓊郁的林地和休伦湖（Lake Huron）的美景尽收眼底。他们一边享用午餐，一边等候我的演讲。介绍人一直在夸耀我“身为本州杰出企业家的丰功伟绩”，他引用的纯粹是我简介中的内容，所以我其实不能怪他，但他的介绍是我听过最冗长和最华而不实的。我很想站起来说：“今天是你还是我来演讲？”

对我的辉煌的介绍结束后，我站在讲台上看着观众，感谢了那位仁兄的美言，但加上了一句：“那番介绍其实不是在说我，请让我告诉各位我真正的身份。我是一名罪人，被恩典救赎的罪人；我是一名基督徒，这才是真正的我。”那是20多年前的事了，此后我经常这样介绍自己，即使是在面对非基督徒团体时。我并非试图让他们改变信念，只是想表明我从何而来。

有一次，我向一个团体这样介绍自己，演讲结束后，一名女士前来问我：“你可以来我们的会所对我的小组演讲吗？”她似乎不介意我公开宣扬自己的信仰。我的本意不是冒犯人们，而是鼓励他们，我也没有能力让任何人改变信仰。

听从内心的声音

我们这个社区里的孩子大多记得去上布道班的事，通常是在星期三晚上，年轻人可以借此深入学习教义。

每个星期日，我都会和家人一起去教堂，无论是早上还是晚上。对那一天能做的活动，许多家庭都有规定。例如，我们可以在前院玩球，但不能去看在星期日举行的球赛。我们家把星期日当成了家族互动的日子：在那天晚上的传统活动是到我们某位叔叔和婶婶家去吃晚餐，然后一起参加晚间礼拜。我上教会中学时，同学们常会在晚间礼拜结束后到家里来。母亲准备点心，我们玩游戏、听广播或者闲聊。镇上很少有店家在星期日营业，我们不会想出门，可也从来不觉得受到限制或者被禁足。我家永远对我的朋友们敞开大门，杰时常过来，他跟我的母亲变得很熟。我的母亲十分和善地接纳了我们所有人。

除了教会和家庭的影响，我就读的教会学校也为我构建起了世界观和人生观，奠定了我人生的基础。我的双亲在那个艰苦的年代仍努力存钱，好让我能去读教会学校。我就在大急流城教会中学认识了杰·温安洛。你能想象，假如没有去读那所学校，我的人生会有多么不同吗？

我相信这是上天的眷顾。我和杰也因此成了最好的朋友。

作为更正教会的一员，我们在婴儿时期就要受洗。到高中毕业的年纪时，我们要在会众面前公开声明信仰。我由于并不完全同意在教会听到的论调，因此决定推迟信仰声明。但我最终准备好向教众们宣布我的信仰，接着，我要向全世界宣布。

区别事业与信仰

我们选择生活方式的依据是人生来平等的信念。我们始终在安利实践这种平等，尊重所有人，不会限制任何人成为营销人员的意愿。

人们的所作所为十分重要，这些能证明他们是怎样的人。不论他们的肤色、教育背景或种族为何，大家均享有加入我们事业的平等机会。我们遵照这一原则创办了安利——唯有营销人员诚实地经营其事业、帮助他人前进，他们自己才能前进。没有人可以踩在别人身上获利。

安利许多杰出的营销人员会公开表达他们的基督教信仰。我忍不住提醒他们："我不希望在参加安利大会时听到布道，就像我不希望去教会时听到安利的宣讲一样。所以，我们还是明确地分开这两件事吧。谁知道某个人会因为结识了你及安利的其他人而发生怎样的人生转变？但我们不要强行探讨宗教议题。如果你想与你的伙伴讨论你的信仰，请在私下里进行，不要在安利的公开场合做这件事。"

在那之后，在周末举行营销人员聚会的同时，许多人也会另在星期日举行教会活动，开放给想要参加的人，那不属于工作聚会的一部分，我们对这种安排很满意。这类星期日的活动会邀请许多不同的牧师。不过，我在对安利以外的团体演讲时，仍然会介绍自己是一名基督徒，让大家知道信仰是如何主导我的生活的。

SIMPLY RICH

狄维士的感悟

人们的所作所为十分重要，这些能证明他们是怎样的人。不论他们的肤色、教育背景或种族为何，大家均享有加入我们事业的平等机会。我们遵照这一原则创办了安利——唯有营销人员诚实地经营其事业、帮助他人前进，他们自己才能前进。没有人可以踩在别人身上获利。

SIMPLY RICH

LIFE AND LESSONS FROM THE COFOUNDER OF AMWAY: A MEMOIR

14 回馈社区，做负责任的企业

市区再造项目的顺利进行让我意识到，想让人们朝着一个目标前进，往往只需要有人表达意愿并提供协助。我很高兴能够在社区中培养出施予文化。每个人都有能力付出，付出能带来一种喜悦，施予者也是主角，而不只是旁观者。

请想象，你出乎意料地受邀加入了一个委员会，要筹集数百万美元。有一次，大急流城市长就对我提出了这项邀约，目标是筹款以恢复大急流城昔日的光辉。和 20 世纪 70 年代美国的大部分城市一样，当时大急流城的资金和人口都外流到了郊区，急需恢复活力。四条主要街道之一的蒙洛大道上有几家老旧的百货公司和平价商店，很多店铺都空荡荡的。一度繁华的潘特林德饭店已经破旧不堪。市区内仍有几辆公交车在行驶，但市中心已不再热闹。各项活动的枢纽已转移到了郊外的住宅区和购物中心。

我先前提过，市民的归属感会造福邻里。如果我们对自己居住的城市感到骄傲，希望家乡繁荣，便可以做出积极的改变。我也谈过作为丰富人生者的好处，以及这种正面态度与行动能如何帮助大家获得成功，但在 40 年前，当家乡变得荒芜、急需援助时，这种态度却很少见。

最终，有一个人站出来起了领导作用——大急流城首位非裔市长莱曼·帕克斯（Lyman Parks）。他成立了一个由企业和社区领袖组成的委员会，筹集资金来修缮原有的会议中心并兴建一座音乐厅。有了好的会议中心才能为本市带来更多会议业务，而音乐厅可以让城里发展中的艺术团体进驻和举行演出，尤其是对早已具备了一定规模的大急流城交响乐团而言。此前，他们一直在破旧的市民中心演出。

重新打造“市中心”

我受邀加入了委员会，并被指派与本地银行总裁狄克·吉列（Dick Gillette）一同主持筹款委员会。我们聘请了一名擅长音乐厅设计的芝加哥建筑师来设计音乐厅——这是大急流城历史上的第一座。狄克和我找到了大急流城的所有绅士，希望能够筹集600万美元，这在当时可是一大笔钱。最终，我们一无所获。

我们当时在安利公司为有可能捐款的人们举办了一场晚宴，以此来介绍音乐厅。我们的重点在于，它有可能成为大急流城城区中的热门集会场所。我们解释道，拜早期定居在这里的印第安人之赐，条条山路都通往格兰德河。后来的道路是沿着山径的路线修建的，所以四面八方的人都可以来到河边这处集会地点。筹款活动的主题就是“格兰德河上的集会地”（A Meeting Place on the Grand）。筹集600万美元是个艰巨的任务，当时的人不像现在一样有捐赠的习惯。我接触了数个富裕家庭，向他们提议，只要捐款100万美元，音乐厅就可以以他们家族的名字来命名，但没有人买账。当时并不流行大额捐赠或是用给建筑物冠名的方式来表彰慷慨的市民。

狄克后来对我说：“我真不希望把这些人的姓名挂在音乐厅上。我希望可以用你的名字。你代表新一代的施予者，是后起之秀，我希望你能成为百万美元的捐款人，那么我们便可以把你的姓名挂在音乐厅上了。”

身为企业界人士，我比较关注会议中心，但海伦却对艺术有兴趣，当时她是大急流城交响乐团的董事会成员。捐一大笔钱给音乐厅是一回事，同意用我们的名字来命名又是另一回事。我们迟疑了很久，彼此认真讨论，又与一些亲近的朋友讨论。最后，我们决定冠名，但真心希望这种做法不会被视为炫耀或自视甚高。从那以后，本市的新音乐厅便冠上了狄维士的姓氏，迄今依然如此。

安利格兰华都大酒店的诞生

这笔捐款意义重大，因为这是我们的第一笔百万美元捐款。可是对大急流城更有意义的是狄克·吉列对下一代的期望。“从现在开始，”他说，“我们可以去找地方上的各色人士募捐，以你为范例。这将为新一代的施予者定调。”他明确地将音乐厅视为此类项目的开端，以及以市民捐款人的名字为新建筑命名的滥觞。

狄克是对的，音乐厅的案例在大急流城掀起了前所未见的捐款热潮。

新建筑的灵感源源不绝。我们的新会议中心附近需要一座酒店，当时的大急流城也没有宴会厅可供举办庆祝活动或大型活动所用，于是大家开始构想一家附设了聚会房间、宴会厅和餐厅等设施的新酒店。如果我们想振兴市区，就必须解决此类设施缺乏的问题。我被指派去与希尔顿（Hiltons）和其他酒店业者接洽，询问他们是否有意在大急流城城区兴建一座酒店，但他们都表示，目前惯例是在机场附近而不是在市区建设酒店。

那时我说：“杰，我们为什么不来建酒店呢？你知道我们可以的！”杰同意了，于是我们就动手去做。安利公司并没有兴建一座新酒店，而是买下了位于旧市区的潘特林德酒店，将这栋老旧的大楼改装成了豪华酒店，改名为安利格兰华都大酒店。我们聘请了大急流城的一对建筑师马文·狄温特（Marvin DeWinter）和格蕾琴·明哈尔（Gretchen Minhaar）以及埃达城的丹沃斯建设公司（Dan Vos Construction Company）来负责这个项目。原先的酒店客房以现代标准来看太小了，所以我们把两间房合并成了一间。地下室的老旧下水道、水管和蒸汽管线也全部换新。我们还聘请了纽约知名设计师卡尔顿·瓦尼（Carleton Varney）重新设计了室内装潢，因为每一样东西都要更换才能把荒废的遗迹改成现代化的四星级酒店。他的设计非常高雅——大厅天花板上有金叶子，室内铺设着长毛地毯和精美的家具。我们的朋友、美国驻意大利大使彼得·塞其亚（Peter Secchia）把楼层租给我们开设了两家餐厅，一家是高级餐厅，即后来时常得奖的1913 Room，另一间是比较休闲的Tootsie’s。

重新装修酒店是一项令人满足的冒险，但我和杰从未以酒店老板自居。我们主要希望能恢复酒店的光彩，促进大急流城的发展，展现对市区未来的信心。本地民众立刻看出，安利格兰华都大酒店可作为本市的枢纽，会议、婚礼和其他大型庆祝活动立刻让酒店预约爆满。福特总统更在祝词中表示：“这个城市获得了新生。”

新酒店于1981年开幕，数月后，我和杰便考虑在旁边兴建一栋29层的大楼。这栋大楼其实已经设计完成，但我们想，应该休息一下再着手兴建另一栋新大楼。对于新大楼的需求，我们没有做具体构想，我们原先设想的是，本市总会需要新会议中心的。考虑了一阵以后我们认为，永远无法取得足够信息证实这栋新大楼会有生意，于是我又说：“杰，我们不如干脆放手去做吧？你知道，我们可以的！”

他同意了，所以安利又开始建设新大楼。

两年后，安利格兰华都大酒店有了新馆，现代的设计与内部装潢则迎合了对设计风格有要求的顾客群体。

我和杰明白，要让人们住进市区，酒店才能维持下去，所以我们接下来的计划是兴建大急流城的第一栋公寓大楼，后来为其取名为广场大楼（Plaza Tower），这里的房客都爱上了市区。不幸的是，我们从外地找来的建筑商偷工减料，大楼内外开始出现严重的漏水问题，其他问题也逐渐浮现。认真考虑后的一个办法是索性拆掉这栋大楼，其成本反而比重新整修还便宜，可是杰坚决地说：“我们不是拆大楼的人，是盖大楼的人。我们再把它盖好吧。”既然如此，就没什么可再讨论的了。于是，我和杰再次整修了一栋大楼，让它恢复美观且适合居住，住户们宽宏大量地同意迁居他处，直到整修完毕再返回入住。

建设“医疗大道”和体育馆

大急流城城区的进化持续展开，在一次又一次的筹款后，一栋大楼才盖好，紧接着又盖起另一栋。出生于大急流城但在30年前离开这里的人们现在如果看到了这里的天际线，可能都认不出来它了。酒店于1981年落成之后，新的市区建筑包括一座体育馆、一座市立美术馆、大溪谷州立大学市区校区，取代了已不复使用的旧中心的新会议中心、一座万豪饭店（JW Marriott）以及今日所称的“医疗大道”（Medical Mile）：温安洛研究中心（Van Andel Institute）、梅杰心脏中心（Meijer Heart Center）、雷蒙－霍尔顿癌症中心（Lemmen-Holton Cancer Pavilion）、海伦·狄维士儿童医院（Helen DeVos Children's Hospital）、大溪谷州立大学的库克－狄维士医学大楼（Cook-DeVos medical Building）以及密歇根州立大学医学院附属的塞其亚中心（Secchia Center）。

能容纳1.2万人的温安洛体育馆（Van Andel Arena）吸引了数千人前来市区，它也成为大急流城格里芬冰球队（Grand Rapids Griffins）的主场，一些大牌演艺明星也曾在这里举办演唱会。一个民间委员会取得市政府的同意，在市区兴建起体育馆，然后经由官方与民间合作的形式筹款，多年来的梦想终于实现了。在完成大型饭店与体育馆建设之后，大急流城也能容纳更大规模的会议中心，本人很荣幸能提供赞助。现在，狄维士中心（DeVos Place）也成了格兰德河沿岸的有名景点。

在大急流城获得新生的过程中，最值得一提的或许是过去20年来沿着密歇根街纷纷出现的医院和医疗大楼。杰在考虑设立一个医学研究中心时，我跟他谈到要把它设在市区。我和杰被视为发展大急流城的先驱，所以我认为最合适的方式莫过于把杰的研究中心——温安洛研究中心设立在市中心，靠近市区内的大型医院斯佩克特伦医院（Spectrum Health）。他同意了，并在医院西侧找到了一块地，在那里建起了一座美观的研究大楼。

之后是高达 20 层的梅杰心脏中心。筹款活动由斯佩克特伦医院的董事鲍勃·胡克（Bob Hooker）、社区领袖厄尔·霍尔顿（Earl Holton）和我的儿子狄克负责，那是当时大急流城一次规模最大的筹款活动，已故的弗莱德·梅杰（Fred Meijer）和他的妻子莉娜（Lena）提供主要资金。这个心脏中心以先进的设备、技术高明的人员和优质的治疗而闻名。大急流城的第一宗心脏移植手术是 2011 年在梅杰心脏中心进行的。这个中心吸引了世界一流的心脏病专家，因此，大急流城可望继续成为世界级的心脏疾病治疗地。

医院合并利大于弊

继梅杰心脏中心之后，海伦·狄维士儿童医院于 2011 年 1 月 11 日开幕。路易斯·托马提斯医生（Dr. Luis Tomatis）一直为在大急流城设立一家儿童医院而奔走，他最终成功地让斯佩克特伦医院增建了妇女与儿童大楼，于 1993 年启用。虽然这两者似乎是合理的组合，但很明显在几年之后，儿童与妇女对医疗各有所需，最好能够分别拥有单独的大楼。由于儿童病患人数不断增加，这栋大楼已无法容纳所有前来治疗的患儿。托马提斯医生开始重新寻找可用来专门治疗儿童的足够空间，一家专为患儿量身打造、完全符合儿童需求的医院。由于原先的儿童医院已被冠上“狄维士”这一姓氏，他想我们或许愿意再次提供资助。我们很乐意效劳，不过这一次我说，我希望它能被命名为“海伦·狄维士儿童医院”。我们的孩子也同意，并一同提供了主要资金。托马提斯医生负责推动各项事务进行，于是密歇根街丘（Michigan Street Hill）上出现了这栋蓝色的大型建筑，儿童们能够在此继续接受专家提供的个人化医疗。

回想起来，我认为我在医疗领域最令人自豪的成就不是兴建大楼，而是加入大急流城城区的巴特沃思医院（Butterworth Hospital）的董事会，从而展开了人生中的一个崭新时代。巴特沃思医院是本市两大医院之一，另一家是布洛杰特医院（Blodgett Hospital），两家医院间有着浓厚的竞争氛围，导致在医疗服务与采购过程中效率低下。当布洛杰特医院的金主开始讨论建立一栋新大楼的时候，我问当时巴特沃思医院的院长比尔·冈萨雷斯（Bill Gonzalez）："你觉得把这两家医院合并起来如何？"

"嗯，"他说，"你不是第一个提出这种主意的人。"

我说："我知道，我们为什么不再试试看呢？"他说，如果真想试试看，他会配合的。于是我回答："我们做吧。如果成功了，这或许会是我们做过的最有意义的事。"首先，我说服巴特沃思医院董事会支持我，然后，布洛杰特医院董事会主席提出他们的意见和人选，双方展开了磋商。还没有什么进展时，联邦贸易委员会便对这起合并案有意见，他们认为这可能让大急流城出现医疗垄断。由于同一社区内两家医院的合并必须获得联邦贸易委员会的许可，我前往密歇根州首府兰辛（Lansing）出庭作证。

联邦贸易委员会的代表问我："你是主张竞争和自由创业的人，为什么不希望这两家医院彼此竞争？竞争可以压低成本。"我说："你说得没错，但前提是这两家彼此竞争的医院属于不同机构，但它们不是。这两家都是公立医院，都属于大急流城的人民。如果合并了也不会产生垄断问题。"我们胜诉了，合并后的医疗体系命名为斯佩克特伦。

成功的社区营造

多年后，本案的主审法官在他的著作中的一章写到医院合并的情形。他详细地描写道："医疗区域和医疗质量的发展——大急流城的医疗费用上涨水平并未高于其他医院，但医疗质量提升的程度却高于其他医院。”大急流城的医疗质量变好了，这是因为我们能够聘请的医生素质提升了，于是这个地区越来越多的人开始到这里接受治疗。

我非常感激大急流城城区再造项目的顺利进行以及全体市民的支持。如果无法得到大家的支持，有再好的想法也无法实现。我明白了，想让人们朝着一个目标前进，往往只需要有人表达意愿及提供协助。我和杰很高兴能够在社区中培养出施予文化。

现在，若有新搬来大急流城的人问我："我该怎么认识新朋友？"我会说："找最近的筹款人，买一张入场券。如果人们知道你是一名施予者，你就会认识一整桌的新朋友。"当然，我是在开玩笑，但其中的信息很明确：如果你希望自己的人生丰盛，需要学习付出——金钱、时间和帮助。每个人都有能力付出，付出能带来喜悦，施予者也是主角，而不只是旁观者。

我不仅学会了享受付出的喜悦，也学会了表彰施予者的社区精神、领导力和慷慨建立丰盛人生的文化。

SIMPLY RICH 狄维士的感悟

我非常感激大急流城城区再造项目的顺利进行以及全体市民的支持。如果无法得到大家的支持，有再好的想法也无法实现。我明白了，想让人们朝着一个目标前进，往往只需要有人表达意愿及提供协助。

如果你希望自己的人生丰盛，需要学习付出——金钱、时间和帮助。每个人都有能力付出，付出能带来喜悦，施予者也是主角，而不只是旁观者。

SIMPLY RICH

Life and Lessons from the Cofounder of Amway: A Memoir

| 第三部分 |

丰盛人生

SIMPLY RICH

LIFE AND LESSONS FROM THE COFOUNDER OF AMWAY: A MEMOIR

15 移植心脏后的新生

在决定是否进行移植手术前，医生问我：“你的生活已经够圆满了，为什么还想活得更久？”我现在明白了，医生是要借此判断我是否有意志力撑过这次大手术和随后的康复过程。有家人和朋友一直在为我祈祷，我明白自己获得了需要的力量。

过去这 17 年来，我之所以还能活着，是因为伦敦一位擅长心脏移植的名医答应为我做手术。71 岁那年，我必须做心脏移植手术才能活下去，可是美国每一家移植医院及其医生都拒绝了我的要求，主要原因是我年事已高。至今我仍然活着，除了那位伦敦外科医生之外，也是因为我在紧要关头找到了符合我需要的完美的捐赠者。

几年前，家人为我心脏移植手术成功 15 周年举办了庆祝活动，大家都很感慨的是，我在接受这次救命手术之时许多孙儿都还年幼，甚至还未出生。他们中有些人告诉我："爷爷，我差点儿就见不到你了。"更重要的是，我差点儿就见不到他们，无法看着他们长大成人了。

我还想到，假如没有得到新的心脏，这些年我就什么事都做不成了。在这段时间里，我们兴建了海伦 · 狄维士儿童医院，出任了狄维士会议中心的捐款人与筹款人，并在大急流城中心建起了万豪酒店。我的母校大急流城教会中学如今有了狄维士艺术中心，全体学生可以展现表演和音乐方面的才华。

让我很开心的是，那座礼拜堂的大厅里展示着一辆与当年我和杰一起上学时驾驶的同款的福特 A 型敞篷车，作为我们建立友谊的纪念。我移植心脏后所兴建的其他设施包括密歇根州霍兰市的霍普学院的一座新体育馆、大急流城医疗大道上的医疗办公室、大急流城加尔文宗学院的通信研究大楼以及国家宪法中心的一座展示厅。我讲这些不是为了吹嘘，而是因为我很感激我曾经如此接近死亡，然而上天让我多活了好几年来工作，所以我要努力回报。

身体出现异状

其实早在必须做心脏移植手术之前很多年，我的心脏就出了问题。我患上了短暂性脑缺血发作（Transient Ischemic Attack, TIA），医生向我解释说这是中风或心脏病的前兆。遵照医生的建议，我采用了有益心脏健康的饮食方案，同时服药以降低胆固醇指数，而且每天做运动。即使如此，我也明白，心脏疾病恶化是无法逆转或阻止的。在那次小中风后，我在检查时发现了几处血管栓塞，并被告知要去找医生商量。但是我没有，而是和孩子们在周末时参加了一项为庆祝美国建国而举行的帆船比赛，由密歇根湖航行到密尔瓦基，我担任船员。正当我在下甲板推动船帆时，我感到胸口一阵疼痛。我意识到自己出事了，在抵达密尔瓦基之后便打电话给我的医生，他说："马上坐飞机回家，我得看看你。"

我的医生路易斯·托马提斯评估了数项检查的结果，然后说："这个假期好好休息，但假期结束后你必须开刀才能避免心脏病发作。"

接着，他进行了手术，我安然度过了 8 年。但在那 8 年间，我的冠状动脉持续出现栓塞，1992 年 12 月初，我发生了一次大中风。医生让我在数日后稳定下来，然后把我送到了克利夫兰医院去装置心脏血管支架，这在当时还是一项新技术，很少有医院会使用。我在一个星期五的夜晚抵达那里，托马提斯医生要求外科当天晚上就做手术。

外科主治医生说："这么办吧，我明天一早就动手术，如果他还活着的话。"

手术很成功，可是在我中风时右侧心脏早已坏死，所以我必须注意健康和活动。在那以后，我走不了多远便会感觉疲劳，还必须定期复诊，抽取体内的积水，因为心脏已无力将体液输送到全身。在抽取积水后，我的体重会减轻 5.4~6.8 公斤。

1992 年年初，我经历了一次脑中风，由于体力损耗，心脏状况又大幅限制了我的活动，我辞去了安利总裁的职位，要求长子狄克接棒。这也是我的福分，因为狄克接班以后，我对公司的未来不再感到有压力，但我必须接受生活方式突然间受到严重限制的现实。我走上 1 米便会感觉疼痛，必须坐下。

我的心脏科医生里克 · 麦克纳马拉（Dr. Rick McNamara）说："你的心脏正在逐渐衰竭。"到了 1996 年年底，他和托马提斯医生把我和海伦找去，告诉我们，如果我想活下去，就必须做心脏移植手术。

那真是一记晴天霹雳。我一直在忽视自己的病情，走路不稳，也无法长时间行走，无法做事，但我一直假装一切正常。可是，人生无法如常，我需要一颗新的心脏。

关键在家人支持

关于手术的每件事都要预先安排，这是我未曾经历过的。托马提斯医生在两三年前便已联络过美国的每一家移植中心，询问他们能否考虑为我移植心脏。除了年龄因素，我还经历过脑中风、心脏病，又有糖尿病，是接受移植手术的高风险人群。除此之外，我的血型还是较少见的 AB 型 Rh 阳性，这使得合适的捐赠者人数锐减。可是托马提斯医生说，他认识的一位伦敦的心脏外科医生愿意见我。马格迪 · 雅各布爵士（Sir Magdi Yacoub）是哈尔菲尔德医院（Harefield Hospital）的心脏外科医生，以在移植领域的先进研究而闻名，是位技术高超、备受尊敬的外科医生。托马提斯医生说，他是我唯一的机会,但是雅各布医生要先与我见面,才肯收治我这个患者。他有我的病历,也了解我的病情,但仍想先见我一面。我的儿子狄克两年前便已到伦敦和他见过面,当时,狄克把我的病历交给了他,并请他考虑把我列入等待移植者的名单。

我记得在圣诞节前夕向儿孙们宣布,我们要去伦敦等待新的心脏。我无法告诉他们任何细节,只能把医生告诉我的话告诉他们。海伦和我很乐观地对大家说:"我们要去伦敦等待新的心脏。"如今回想起来,我十分讶异,因为这其中有太多问题。在了解捐赠心脏和配对的复杂性之后,我才真正明白,医生能告诉病人他们已等到了一颗新的心脏有多么困难。医生和病人都只能怀抱希望等待而已。

我们抵达伦敦后,雅各布医生问我的第一个问题是:"为什么你想活下去?你已经活了很久了,"他说,"你的生活已经够圆满了,为什么还想活得更久?"

我告诉雅各布医生:"我有一个好妻子,4个成功的子女,我要为他们活下去,我还有一大群孙子孙女,我想看着他们长大。我想尽一切所能帮他们成家立业。"

我现在明白了,雅各布医生是要借此来判断我是否有意志力撑过这次大手术和随后的康复过程。我是否有必需的条件?是否能获得支持?是否有家人?是否有人关心我,我是否有关心的人?这些都是撑过这种手术的必要条件。你能否活下来不只与你的心脏状况有关,还与你的意志以及信仰有关。有家人和朋友一直在为我祈祷,我明白自己获得了我需要的力量。

等待器官捐赠的日子

在这次会谈之后,雅各布医生检查了我的心脏,尽管他已经知道所有该知道的事。然后，他看着我说："好，我会看看我能做些什么。"这就是我们等待听到的话。我问出了心中最大的问题："你觉得我们要等多久才会找到捐赠者？"

他说："我不知道。或许1个月，或许下星期，或许明天，或许半年。你是名单上的最后一个，排在英国公民后面。不要走太远，我要你随时待在离医院1小时路程的地方。每星期过来做一次检查，好让我们知道你的状况，确定情况尚可。"

因此，每个星期一，海伦和我都会到医院指派的心脏科医生那里做检查，他会向我们说明每项检查的结果，管理我的治疗进程。这些检查显示，我的心脏右侧压力不足。这表示我的捐赠者除了要符合我的罕见血型之外，还要有强健的右侧心脏。

我们开始等待心脏捐赠者的出现。

5个月过去了，在一个星期一的早上，我们接到了医院打来的电话，医生叫我们早点过去，因为他们可能已经帮我找到了一颗心脏。我的心脏科医生获悉，一位女士想做肺移植。她不仅血型和我相同，而且由于肺不好，心脏功能受到影响，右半边变得十分强壮。

医院当天早上打来电话，是因为医生已经为她找到了一名捐赠者，而我也会因此得到她的心脏。在这些手术中，捐赠者的心脏通常会和肺一起移植，以降低排斥概率。这表示当她接受心脏及肺移植手术之后，她的心脏就可以捐赠给我，她之前已经同意在这种情况下把心脏捐给我。显然，这个日子已经到来。海伦还记得她听到直升机送这位女士需要的心脏和肺抵达时的声音。医生检查过器官之后，她被送进手术室去做移植手术，而我则在隔壁的手术室等待她的心脏被移植到我身上。

我被告知，她的心脏才离开她的身体20～30分钟，就已经转移到我的胸腔内跳动了，而且此后一直在很顺利地工作。后来有人说："等待心脏时一定很辛苦。"但海伦和我每天早上都会读我们最喜爱的经文，带着信心和平静过下去。

移植手术成功

海伦和我从未真正有过失望的一天，我知道这或许很难令人相信。即使我越来越衰弱，我们依旧相当忙碌。4个子女中至少有一个会来陪伴我和海伦，有时会和他们的配偶或者全家一起来。

现在很难形容那个星期一早上医院打电话来说我可能有了一颗心脏时，我和海伦有多么高兴。我们带着复杂的心情前往医院——放松、兴奋，充满希望和喜悦。抵达医院时，他们说："万事就绪。我们要准备为你做手术了。"

首先，我接受了一剂注射，我确定里面有抗焦虑的成分，因为我的心情开始变得很好，而那是在即将接受大手术的情况下。我记得自己躺在推车上前往手术室时，一名心脏科医生从我身边走过（他的白发常常竖起，我总会开玩笑地说他需要理发）我从推车上坐了起来，再次跟他开玩笑说："嘿，医生，你需要理发了！"

手术后，我从麻醉中暂时醒来时，看到一些家人守在我的病床边。儿子们记得，我说的第一句话是："感谢上天。"随后我做了一次感恩的祷告。我完全不记得这些事了。那次祷告必然来自我的灵魂深处，因为我在知道自己还活着时，所做的第一件事就是感谢主。

其他家人也赶到了伦敦，飞行到大西洋上空、在飞机上相聚时，他们一起跪下来祈祷手术成功。他们降落时得到了手术顺利的消息，在到达医院时，手术已经快结束了。托马提斯医生也乘那班飞机来了，他一直陪伴在我身边，每天都到医院来为我打气，麦克纳马拉医生也是。医院后来让麦纳马拉医生看了我的旧心脏，他说：“你的心脏完全衰竭了。我无法相信它还能让你活着。”

复原过程中最困难的部分是服药，我必须吃药才能防止身体排斥新的心脏。手术后前几天的剂量很重，我因此做了好几场惊悚而诡异的噩梦。夜里，我会梦见各种东西。有一次，我梦见自己变成了一个小矮人，就在大急流城格兰德河沿岸的洛威饭店旁边。我是个侏儒，没有双腿。我记得当时我坐在床上向下摸，好确定双腿还在。翌日，我喊人来我床边又检查了一遍。

还有一次，我梦见自己在一个纸箱里往北方漂流，奇怪的是，那是在我们位于佛罗里达州的住所附近。我手边有电话，于是在漂流时我打电话求救，说我被冲走了。这些梦十分吓人，而且感觉非常真实。事实上，它们让我极其紧张，我想尽办法不睡觉。我会坐在轮椅上，找人推着我在医院里乱逛，就是想保持清醒。

勇于接受挑战

有一天我躺在床上时，雅各布医生来巡房。看到我躺着，他厉声问道：“你在床上干什么？”

我回答说，我也不知道，可能是累了或别的什么原因。

“离开病床，”他说，“你是高风险病患，我冒险给你做了手术，就是希望你能撑过来。”

我说：“我非常感谢你。”

他说：“那就拿出实际行动。你没有理由再躺着不动了，现在限制你的只有你自己的恐惧。你可以做你想做的事，起床去做吧。”

那是一项挑战，却是项好的挑战。我仍然以为自己有心脏病，但他让我明白，我现在已经有了一颗新的心脏，可以去做我想做的事了。我在医院疗养了两个星期之后变得有些沮丧，但是雅各布医生叫我起床，于是我决定起床活动。那一天我充满活力。

我同时也对身体可能排斥新器官感到恐惧。起初，我有些焦急。我害怕在经历漫长等待、以极小的概率找到心脏及手术成功之后，身体会排斥新器官，那一切就都完了。在做切片检查排斥迹象的前一晚，我失眠了。我甚至想亲眼看着医生从我的心脏里截取组织。

“你在看什么？”他问我。

“我想看你刚从我身上取出的组织是棕色的还是红色的。”

他说：“事实上，最好不要是白的。万一是白的，你就有麻烦了。白色表示组织里没有血液。”

起初，我每星期都要做一次这种检查，之后是每隔一星期检查一次。幸好我一直没有发生排斥问题，但仍需终身服用抗排斥药物。

哈尔菲尔德医院建立于第一次世界大战时期，原本是用作肺结核疗养院的。医院沿着街道呈弯曲设计，好让空气能从前窗吹进每间病房，再从后窗吹出去，所以它只有一间病房的宽度，像一条长龙般蜿蜒。后来增建室内水管时，每隔几间病房就有一间浴室，但对我来说，这路程却好像有几百米远。

我移植心脏之后没多久，便展开“长途步行”之旅走去浴室，一名女病人从门后探头出来问我：“你是上星期二移植心脏的患者吗？”

我回答：“没错。”

她说：“你移植的是我的心脏。”

于是我说：“太感谢你了！”并给了她一个拥抱。住院期间，我们见过彼此几面，我去做 10 年检查时又看到了她一次。我后来知道，那之后一年还是两年，她死于癌症。她原本想当个歌手，梦想是灌录唱片，我有能力帮她实现这个梦想。她是个很好的人。但我对她的生平所知不多，从来不曾真正认识她，因为我们在不同国家展开了各自的生活。

这次心脏移植手术的另一项了不起的成果是，我们得以结识了一些心脏外科的权威，并聘请他们来到大急流城的医院。雅各布医生年满 65 岁时，依照规定，必须从英国国家医疗服务体系（NHS）中退出。但他很聪明，还能做出许多贡献，目前，他在斯佩克特伦医院的梅杰心脏中心移植部门担任顾问。不论是以研究能力还是他进行过的移植手术数量而言，雅各布医生一直是心脏移植外科的权威。

早期心脏的供给很充足，又有很多人等候，雅各布医生和阿斯加尔·卡加尼医生（Dr. Asghar Khaghani）一天可以做三场手术。他们对我们说，他们会在做完一场手术后小睡一会儿，然后清洁手术室，准备下一场手术。现在，雅各布医生一年中会前往大急流城的移植中心好几次，卡加尼医生则主持该中心的事务。他们一名来自英国的同事现在就职于我们的儿童医院，他被公认为世界上顶尖的医生之一，我们很荣幸能请到他。这些医生的影响力使得其他专家也纷纷加入，不仅增强了医疗人员阵容，也丰富了整个医学界。

我很感激我的心脏移植手术能够成功。手术对我个人、家人及社区的后续影响，让我既惊喜又感恩。

SIMPLY RICH

LIFE AND LESSONS FROM THE COFOUNDER OF AMWAY: A MEMOIR

16

环游世界，冒险的心永远都在

在等待心脏移植的5个月里，我都在思考该怎么打造环游世界的新帆船。等我完成手术出院时，船已大致完工。我很喜欢驾驶着自己的船，与那些活着就是为了冒险、独自乘着小船在汪洋大海之中前进的人们相遇。

就在心脏逐渐衰竭、在伦敦等候移植时，我仍然对未来保持着积极和乐观的心态。在无法保证新的人生篇章之时，我依然怀有梦想，我想这就是我的天性。即使是严重的心脏问题也无法阻止我拥有梦想、目标和计划。它们让我不断前进，让我只看到人生中好的一面，而不是担忧坏的一面。

因此，在等待新心脏的同时，我也在为我最新的梦想作准备——驾船环游世界。我不想为我的健康情况烦恼，而是专心设计新帆船。我打算乘这艘船去环游世界，这不仅让我保持乐观的展望，也促进我实现了一项伟大的新冒险。

在等待心脏的 5 个月间，我都在思考该怎么打造那艘船，包括内部设计、舱房数量、风帆组合、种类和制造商。船长会来伦敦见我，我们一起讨论，记下船的规格，还有环球之旅的航线和时间。每个星期不同的家族成员来探病时，海伦和我便和他们分享帆船设计上的进展，所以，孩子们也有机会享受这个过程。

有一次，我对我的儿子道格说："费了这么大的功夫，说不定我最后都没命去坐那艘船。"他开玩笑般地回答："没关系，你的孩子们用得着。"我没有不耐烦而又紧张地等待心脏，反而忙着设计这艘船，心平气和地梦想着去南太平洋航行。

等我完成心脏移植手术出院时，那艘船已经大致完工，船还在船坞里时，我们在甲板上举办了一个盛大的派对。我们在意大利维亚雷乔（Viareggio）举行了下水典礼，一架载满人的飞机由大急流城飞抵，我们还邀请了一些欧洲友人作为来宾。

这艘船漂亮极了。我们将它命名为“独立号”（Independence）。这是一艘双桅船，主桅在前，后桅较低。“独立号”有主帆、尾帆和艏帆，最高航速可以超过 10 节，这在帆船中是很快的。帆面虽大，但全部是自动卷帆，只要使用电动绞盘即可在 10 分钟内完成升降。“独立号”是艘美丽的船，但拥有这艘帆船的真正美妙之处是，它让我们有机会航行到世界各地。我们这趟航行以意大利为起点，穿越加勒比海，然后经过巴拿马运河前往加拉帕戈斯群岛（Galapagos Island），最后横渡南太平洋到达马克萨斯群岛（Marquesas Island）。它们在地图上只是一个小点，却是美丽而又遥远的法属群岛。从那里，我们将向南探访塔希提岛（Tahiti Island）和波拉波拉岛（Bora Bora Island，法属波利尼西亚群岛中的小岛）。“独立号”有 10 名船员，包括船长和大副、两名服务员、一名厨师和甲板水手，他们每天清洁船只，洗刷盐结晶，驾驶小艇送我们上岸或去任何我们想去的地方。我和我的 3 个儿子都会驾船，因此我们轮流掌舵。“独立号”有 12 间舱房，所以我们总能邀请家人和朋友参与航行中的各段旅程。

我们的家人爱上了南太平洋和遥远的小岛。这些环境很适合孩子们，平静、清澈的潟湖适宜游泳。这些潟湖上有水道，船只可以通过，停泊在平静的水中，远离太平洋上的大浪。

例如，在马克萨斯群岛，我们的子女和孙子孙女们会在一处水很浅的圆形大潟湖里游泳，它有好几个水道。退潮时，水就从那里流出。那时，一些较大的孩子会戴着潜水装备攀在水道壁上看着水道口的鲨鱼，它们在那里等着潟湖里的鱼被冲向大海。孩子们喜欢在南太平洋透明清澈的水里潜水和浮潜。在太平洋上航行之初，海伦学会了浮潜，她很开心地记得自己在水面下漂浮时能看到她的一些孩子和孙子孙女们背着水肺在她的下方潜水。其实她也有一点担心，因为海床上会有一些小型鲨鱼，但我们当中从没有人发生过意外。

结交航海同好

我们也会认识及结交其他旅行者，他们有时已航行了数星期甚至数月。我们会在同一个潟湖下锚或停泊在同一个港口，到彼此的船上拜访。有人可能会在晚上驾船经过，喊着：“带吃的到我们船上来吧！”想去的人就会带着菜肴去他们船上，分享晚餐和见闻，结识来自世界各地的人们。他们通常是两人或三人一起航行的，因为是小船，人员也很少。

相较我们遇到的大多数航海者，“独立号”算是相当大型的船。我们有时会成为他们的饮用水或冰块供货商，因为很多小船都没有发电机或是制造饮用水和冰块的设备。我们通过这个方式认识了许多人，和他们在晚上聊天，或者请他们过来喝点东西，听他们的冒险故事。我们得知了他们展开航行以及想在如此浩淼的大海上航行的原因。

“独立号”最长的一段航程是从加拉帕戈斯群岛到马克萨斯群岛。这趟航程长达 4 800 千米，中途没有补给站，时长大约两星期。在小岛之间的短时航行中，我们忙着看电影、玩游戏和看书。早餐我们分开吃，但午餐和晚餐大家会在一起吃。我会坐在两个孙子中间说几句话，那是他们以后或许用得着但都不乐意听到的。这是旅行中美妙的家庭时光，他们可以做些以前没做过或没想过的事。

在停泊时，我们大多会把帆卷起来，定锚。有船坞的地方很少，所以在下锚后要再乘小艇上岸。我们通常会受到当地居民们的欢迎。在斐济，我们必须获得岛上酋长的同意才能上岸，还要为他准备烟草及卡瓦根（kava root）作为礼物。他会叫人把卡瓦根磨成粉末，把粉末倒进布袋，或用手把汁挤到碗里。这种饮料会让舌头和嘴唇发麻，喝下后会令人昏昏欲睡，这是斐济当地替代酒精的饮料。

在斐济群岛上岸时，当地酋长迎接了我们。他是官方的亲善大使，并负责检查文件（要有斐济总统签发的文件才能登上小岛）。我们探访了斐济最东边的一些外围小岛，那是巡航的船只无法前往的，除非有总统的特别文件。斐济想限制这些小岛的观光业，以保护他们的文化。我们前往斐济首府取得了文件。

这些岛屿位于浩瀚大洋的中央。我问一名斐济当地人："今年有多少船来拜访过你们？"

他说："有很多。"

我说："真的吗？大概有多少？"

他说："3 艘。"

看到去上学的孩子们穿着制服搭乘"校船"是非常有趣的经历。较小的孩子会在岛上接受教育，较大的孩子则会到邻近的岛屿去上"合并"学校。

跨文化冲击

斐济的居民虽然与世隔绝，但都十分友善。他们会说英语，因为斐济原来是英国属地，所以我们待在这里时可以和他们交谈。我们了解了他们的需求，便要求加入这段航程的客人带来他们不再穿或孩子已经穿不下的旧衣旧鞋。他们都很慷慨地作出了回应，等我们上岸时，那情景就像圣诞节一样：袋子马上就见底了，所有物品都被分发一空。每当我们旧地重游，看到他们穿着这些衣服时，都会欣慰地微笑。

有时我们会受邀去用餐，受到极为特殊的款待。第一次受邀是参加教会之后的礼拜天晚餐。我们抵达时，热腾腾的餐点都已经准备好了，因为是去教堂的时间，这些食物一直在主人屋后地上的炉子里烹煮着。甜点是用弯刀剖开的椰子，我们可以喝到清甜的椰汁。

第二次受邀是在福拉加岛（Fulaga Island）。我们停在很近的地方，因为听说当地人擅长木雕，我们很想去参观和购买当地艺术品。所以我们坐上小艇，准备好钱。我们一群人在那里大肆采购，作为回报，我们被邀请留在岛上吃晚餐。

这顿晚餐是大家合作的成果，在看起来像是"社区中心"（基本只有屋顶和地板）的地方举行。首先，一位妇女小心地将一块长方形的彩色布料铺在地板上。后来我们才知道，这就是餐桌的桌布。时间到了以后，身份合适的人们被请来与我们一家共同进餐，我们都坐在桌布上，一碗又一碗的食物被端上来。我们是被请来吃饭的,却没有看到叉子,所以都在观望当地人怎么做。他们直接用手指抓起饭菜。在明白我们不习惯这种吃法之后，有人找来了一些不成套的盘子和叉子，我们才开始吃饭。我们吃的菜是他们种的，鱼是他们捕的，但是我们完全不知道在吃什么。和这些慷慨的人们相处的时光很有趣，这些经历也成了我们最喜爱的跨文化冒险。

来自太平洋的友谊

福拉加岛以东大约 800 千米处是拉乌群岛（Lau Island），当我们抵达时，一名“使者”说，酋长想见我们。我们急忙上岸去见他。这很不寻常，莫非我们做错什么事了？

“你们没有来向我报备，”他的欢迎词不同寻常，“这个岛上有其他长官，另外两个小村庄也有长官，但我是大长官，我的村子是最大的，可你们没有来向我报备。”

于是我们去了其中一座小岛上的教堂，慷慨地捐了款。那座教堂的牧师显然来自这位长官所在的岛屿，所以捐款的事传了开来，这位酋长显然想为他的人民争取福利。

每个村庄的中心广场都是教堂，村庄是围绕教堂建立的。星期日早晨，大家都穿戴整齐，这些人很穷，但所有男人都打着领带，穿着熨得平整的白衬衫。牧师在苏禄裙外还穿上了一件西装外套。妇女和孩子们也都穿戴得很正式。一家人进入教堂后，学龄男童一起坐在左边长椅上，其余家人则坐在别处。

唱诗班的歌声动人极了。还有一名“执法者”，就是一名拿着一根长棍在过道上走来走去的男性教众。如果有孩子交头接耳或者打瞌睡，他就从过道上探身进去，用棍子轻敲他们。执法者同时负责记录捐献时收到的款项。一些特别的教友在被唱名时，会从中央通道走到悄然布置好的一张桌边捐款，坐在桌后的出纳便会如实记在账簿上。他们也会请观光客加入，所以我们都会捐款。

我们的朋友会问：“我该捐多少？”我会回答：“你捐多少都可以，他们很穷。如果你想捐 100 美元，那么就给他们 100 美元，因为你很可能不会来第二次了。”斐济人民从未忘记我们，因为我在会见首长时，总是会向他的教堂捐出 100 美元以上。他会收下，核对金额，然后递给他右侧的人员，那个人再检查一遍，然后传给第三个人，这些举动是为了让我们明白钱会被交到它应该被用于的地方。如果邀请他们到“独立号”上，他们会兴趣盎然地参观，也很有礼貌，但从未显露出丝毫嫉妒之意。他们似乎对自己的生活方式感到怡然自得。

我们全家人都爱上了太平洋，因为这里有天然的美景和友善的人们。我们三度造访斐济，并再次探访了许多以前去过的岛屿，所以有些人认得我们的船，看到我们抵达后，他们会来迎接，说：“你们要来我们的村子参观吗？”通常，我们在下次航行中旧地重游时，会看到墙上挂着上次拍摄并赠送给他们的照片或是我们留给他们的杂志彩色内页。他们喜欢我们留下来的杂志，就算没有读，还是让它们派上了用场。

回想这些航行时，我了解到与许多其他地方相比，美国社会是那么发达。南太平洋有着极为单纯的岛屿经济，在此地取得饮用水和食物是很困难的，可是人们都很和善。在这些岛上待过之后，我明白每个岛屿都有其独特的魅力。“Bula vinaka”（你好）是传统的斐济问候语，观光客能轻易掌握，而且适用于各种场合。

在绕过澳大利亚北部之后，我们进入印度洋，来到塞舌尔（Seychelles）西岸，这片美丽的群岛就在非洲东岸，有一座首府城市和完善的机场。我们还曾前往南非开普敦（Cape Town），绕过好望角，此地在水手间向来以严酷天气而闻名。每隔 4 天，风就从南极吹来，风速高达每小时 96 ～ 113 千米。即使我们把船停泊在开普敦的港口，有些夜晚，每小时 96 千米的大风还是会让“独立号”剧烈摇晃。有一晚就吹起了这种大风，船倾向一侧，我记得当时我们在看的电影正好是《完美风暴》（*The Perfect Storm*）。

“独立号”的航行印证了我这一辈子对冒险的信念，以及对遥远目的地与不同文化背景下的民风的体验。回想我和杰在年轻时开车去蒙大拿和结伴去南美洲的旅行，这些经验让我们的心胸变得更加开阔。

早年我和杰开车去往加州纽崔莱公司的时候，会在山区停下来滑雪，这对我来说是一种新体验。在测试过自己的能力后，我们决心展开航海冒险。初为人父，我便鼓励家人去旅游，以感受世界陌生地方的风土人情。我还想起了我父亲的好奇心与冒险精神，他总会看着地图上他只能梦想去探访的地方。我觉得能够亲自去实现他所向往的冒险，我非常幸运。

冒险能让我们面对或许永远无法想象的可能性，帮助我们对自己的能力建立信心，鼓励我们去了解，即使别人的生活与自己的大不相同，他们的需求和希望跟我们也并无不同。我们住在同一个地球上，都应该对这个世界充满好奇，并分享文化与体验。

我们会和斐济人交朋友，虽然我们是乘着大船来访的富有的美国人，却也能和这些生活简朴的人一起做礼拜，分享星期日的晚餐。他们尽管物质贫乏，却能享受丰富的人生。

回想这趟航海冒险，我对世界之大及自然之美感到了震撼。能够体验如此美景，我感到很幸福。在汪洋之中，繁星之下，这些岛屿只是地图上的一点，这种体验却另有一种精神层面上的意义。我总会对这个美好的世界以及世上的人们发出感叹，在现代文明生活中，人们深受工作日程表的牵绊，依赖科技，住在极为舒适便利的家里，很少有人有机会甚至有念头去体会及欣赏世界的广阔和美好，以及航行时的那种孤独与宁静、纯粹的愉悦。我很喜欢与那些活着就是为了冒险、独自乘着小船在汪洋大海之中前进的人们相遇。现在，愿意离开舒适的生活圈去体验日常作息之外的冒险生活的人并不多。我相信能够这么做的人正是拥有动力与胆量、能让整个社会与文明不断前进的人。

SIMPLY RICH

LIFE AND LESSONS FROM THE COFOUNDER OF AMWAY: A MEMOIR

永远乐观，永远充满希望

安利2012年的销售额达到了113亿美元，创下连续7年销售增长的成绩。2013年，安利分别在美国、中国、印度和越南兴建了新工厂。回顾过往，我想用一个词来说明我的感受：感谢。

安利2012年的销售额达到了113亿美元，创下连续7年销售增长的成绩。2013年，安利公司分别在美国、中国、印度和越南兴建了新工厂。目前，纽崔莱已是全球首屈一指的维生素和健康食品品牌，收入约占安利全部收入的46%。

尽管有着如此辉煌的成就，我们仍受到了一些人士的批评，因为他们无法理解安利的事业模式。所以，我非常感激这些年来始终陪伴着我们的营销人员——在我和杰创业之初就加入安利的早期纽崔莱团队，在我们陷入与加拿大和美国联邦贸易委员会的官司、各种负面舆论缠身期间对我们不离不弃的营销人员，还有世界各地那些备受本国政府质疑的影响、仍然追随安利的人们。

今天，这些人中已有数百人成了百万富翁，数万人成了成功的营销人员，数十万人收入增加，自身及全家生活水平得到提升。他们为自己的生活负起责任，拥有积极的态度，希望通过自由市场的机会发挥潜力。全球数百万人如今拥有的这些机会，都起源于两名年轻人对人们的潜能和人类天生渴望追求“更美好事物”的精神的认识。

人生成功的基础：价值观和好友

“做梦都想不到”或者“超乎最疯狂的想象”这些话，都不足以形容50年前的情况和安利爆炸性的成长。**我很自豪的是，我和杰从一开始就致力于帮助所有人，使他们获得机会。这一直是安利今天能在全世界创造成功的秘诀。**

回想起来，我想用一个词来说明我的感受，那就是“感谢”。我感谢信仰使我们事业成功，家庭兴盛；我感谢教会我尊重每个人的人们；我感谢他们让我明白尽职尽责的意义，体验辛勤工作的报酬，以及明了坚持的力量与无限的潜能。

这些都是我从未动摇过的终身信念。

这些能成为我具体的价值观，并不是因为我个性顽固或者从未考虑过其他观点。这些原则经过时间考验，成为我人生成功、圆满及喜乐的基础——不只是我获得了回报，其他许多人也同样得到了回报。我可以对其他信念求同存异，但无法反驳对我而言正确的原则。

回想起在第一章中谈到的童年，我感谢自己生长在拥有双亲和两个妹妹的家庭中，也感谢包括祖父母、表亲和亲戚在内的家族的支持。我的亲戚们都有工作，从未想过等候失业救济。我不了解政府津贴或者其他任何获取收入的方法。我的家庭教导并鼓励我接受教育以及努力工作。我从家人处学会了辛勤工作的原则——父亲总是在修补物品和工作，同时敦促我自己创业。

然后，我遇到了一个男孩，他受到相同原则的教导，也拥有相同的家庭背景，于是我们合作创业。有些人天生拥有才华，却从未加以开发。或许当他们的母亲说“晚上去看书”时，他们会顶嘴而不是乖乖听话。唯有学会重视工作和教育的人才会成功。

这一切都应被归功于教养、家庭和态度。我诞生在双亲健在的家庭，还有一个拥有勤劳工作传统的大家族，这一优良传统最早可追溯到我祖父母那一代，他们都是移民，想要为将来的子女提供更好的条件。

永远支持安利

我有 4 个子女、16 个孙子孙女和两个曾孙，生活中令我最感欣慰的莫过于家庭和家人。我和海伦的第一间房子盖在一座可以俯瞰一条河流的山丘上。虽然这栋房子后来也曾改建以迎合需求，它依旧是我们的家，是我和海伦一起生活和养儿育女的地方。孩子们在附近时总会过来看看，即使有所改变，他们仍然把这栋房子当作从小长大的家，60 多年来，海伦和我一直住在这里。

当然，想建立一个美满的家庭，首先要有美满的婚姻。2013 年 2 月，海伦和我庆祝结婚 60 周年，这些年来我们一直很幸福。回想刚开始交往的时候，我想我的确有些不安分，也不认真。我们断断续续地约会，我猜海伦觉得我有些狂放和前卫，但我们一直在一起。我觉得她是幸福的，她也把早年的情况视为年轻时的必经之路。我们的婚姻很平常，走过这些年，海伦和我才明白我们有多么幸福，而你在年轻时根本不知道自己有多么幸福。

孩子们健康成长，结婚，生下 16 个孙儿，现在还有了曾孙。两岁的曾孙女会跳上我的膝头，喊我“曾祖父”。也许别人听不懂她在说什么，我可听懂了！

我也希望安利公司继续发展，或许它已不再是对凡事都想当然的年轻人了。最近有人提醒我，安利必须继续发展。董事会开会时，一名董事提议修改作业方式，以节省数百万美元的运送成本。我不甚礼貌地说：“我不在乎，我不需要更多的钱了。”

“没错，”他说，“可是我需要。”这句话说得太好了，他需要安利繁荣兴盛，他自己才能更加富有。我说：“是的，先生。你说得对，我错了。”安利必须强盛及获利才能吸引人们加入。如果安利不发展，营销人员们就没有机会致富，不只薪资水平会停滞，机会也会减少。为了明天的员工和营销人员，今天的安利必须发展。今天才创业的营销人员们需要知道，我们会支持他们，他们拥有相同的机会。我对子女们说：“你们永远都要用发展模式来经营这项事业。”安利仍然是我人生中重要的一部分——考虑策划，参加活动，定期演讲。我喜欢这种生活。

除安利之外，我同时也保持着对其他事业的兴趣。为了支持人们对美国与自由企业的热爱，我与数个团体合作，设法让这个国家为了更多人的福祉而变得更好、更繁荣。和安利一样，国家也需要发展。如果国家不发展，人民就无法发展。许多人并不这么想，他们对现状感到满足与快乐，但我们其实还不够好，这种心态无疑会危害下一代。安利也抱持着同样的想法。我们需要机会让人们得到发展进步，我们也鼓励别人这么做。

国家、教会和企业都是如此。增加国家财富的唯一方法就是促进国家的商业发展。我希望美国遵循良好的成功模式，所以我会和志同道合的人士合作。

多年来，我对基督教和捐赠的信仰始终坚定不移。基督教教会及其教育体系是我捐赠的优先目标。海伦和我主要关注基督教、社区、政治和国家计划。家族的基金会则主要向有意义的活动提供资金。我们家族总共已经捐出数百万美元，但如果政府大幅调高税率，我们就很难大手笔地捐赠。如果款项被政府拿走，我就无法施予，但我喜欢施予。我的捐赠可以让金钱得到比在政府手中更好的利用。

SIMPLY RICH | 狄维士的感悟

安利必须强盛及获利才能吸引人们加入。如果安利不发展，营销人员们就没有机会致富，不只薪资水平会停滞，机会也会减少。为了明天的员工和营销人员，今天的安利必须发展。今天才创业的营销人员们需要知道，我们会支持他们，他们拥有相同的机会。

鼓励所有人完成梦想

我依然扮演着啦啦队长和鼓励者的终身角色，希望给我的孙辈和曾孙辈带去正面影响。年轻人才是未来，身为永恒的乐天派，我相信今天的年轻人有能力打造成功的未来，但他们需要已获成功的前辈的指导。例如，我看到安利协助人们教导他们的子女工作。许多投入安利事业的父母会教孩子们如何安排一场会议，或者如何在门口迎接客人。有些早期营销人员的孩子如今已经成为第二代营销人员，第三代马上就要出现。他们的家庭有讨论这些事情的传统，并认为这些事对子女的成长至关重要。

我同时鼓励我的孙辈接受比我更高的教育，取得本科学位，甚至硕士或博士等更高的学位。他们需要在更高的水平上展开竞争。我曾对一名孙女说，她必须读完大学才能与她的兄弟姐妹和表亲们处于同一个等级。她开玩笑地问：“爷爷，你怎么知道？你又没读过大学。”我说：“所以我才知道，这点很重要。”现在，我有的孙辈在读密歇根一流大学的医学院和法学院，其他人也都已经或者正要获得大学学士学位。

海伦和我跟所有孙辈都很亲密，他们偶尔会来找我寻求一些指导与鼓励，因为我正是他们的鼓励者。创办一家企业，开创你自己的人生，或是成立一个家庭，都需要很多力量与勇气。你必须持之以恒地投入和打拼。

父母应该帮助子女学习尽责与工作的价值。我们应该关怀子女，教导他们该如何沟通，负责让他们接受合适的教育，帮助他们了解自己的人生处境。父母应该知道子女交什么朋友，每天都到什么地方去，确定他们好好地做完作业，尽全力培养他们。

只有了解还不够。有一个晚上，我和佛罗里达州的营销人员们谈话，有人提到他们的孙子不常打电话。我问："那么你多久打一次电话给你的孙子？"现场一片死寂。我说："电话不只可以接，也可以打，你知道的。"孙子们很忙，我们也觉得自己很忙，要保持联系并不是那么容易。我时常打电话，但有时很难找到现在的孩子们，因为他们甚至已经不再接听电话。那么我们要学习发短信才能传达信息吗？我试过了，但我的手指实在太粗。这些都是不想办法保持联系的借口而已，于是，我又拿起电话，拨打过去。

电话总会接通的。

"你做得到！"

这些年来，我许下很多承诺，并倾毕生之力设法维持。在第二次世界大战最黑暗的时期，身为毕业生代表，我在毕业典礼上致辞，表达了对未来的乐观看法。我答应杰，要与他做朋友和事业伙伴。我向海伦发誓，成为她的丈夫，终身忠贞。我和杰说服人们相信我们不同寻常的纽崔莱事业和产品，并在创办安利这项新事业时加入我们。在安利开始发展时，父亲教诲我，一定要遵守对员工和营销人员的承诺，他的这番话我一直铭记于心。

我还必须信守对全世界数百万人的承诺——安利将不断发展并提供持续

成功的机会，家人现在也在和我一起努力兑现这个承诺。我有信心许下这些承诺，因为我是永恒的乐观者，永远充满希望。

我人生中的许多成就都来自对承诺的信守。唯有以引导人生且不会因环境改变而动摇的真理为基础，我们才能许下及信守承诺。有一句古谚语说："流行的不一定是对的，对的不一定流行。"不论人们怎样批评我们，生活方式如何改变，主导社会舆论的人士怎么说，我都会努力去做对的事。舆论、趋势和风潮来了又去，但我从来无法放弃乐观、毅力、爱家庭，对自己和他人尽职以及尊重每个人这些道理。

这些简单的信念和价值观，多年来帮助人们创造了成功的人生。遗憾的是，许多人已不再认同它们的意义。我很感恩自己能接触这些真理，并学习及体会它们的力量。我尤其感恩的是，这些祝福让我能够去帮助世界各地的众多人们，让他们体验到圆满的人生。我猜这就是我成为啦啦队长的原因——我的人生使命是看到人们最好的一面，并且鼓励他们。

最近为了策划向我致敬的活动，家人们请我的朋友提供最能表现我性格的故事。这些故事打动了我，尤其是下面这一则，由我的友人托马提斯医生提供，是我的一个孙子在活动上讲述的：

> 爷爷和托马提斯医生前往华盛顿去拜访卫生部长，讨论促进器官捐赠事宜。那天下着大雪，加上刚发生"9·11"恐怖袭击没多久，警戒非常森严。大楼周边800米内禁止停车，必须步行过去。他们搭乘大厅里的电梯时，其他人都在谈论恶劣的天气以及在雪中行走的麻烦。电梯里有一个人坐在电动轮椅上，大家都在拿天气开玩笑，这个人说在这种日子，他的轮椅真需要安装带雨刷的挡风玻璃。
>
> 出了电梯走上走廊后，爷爷转头看向坐轮椅的那个人，发现他

的眼镜起雾了。爷爷知道那个人全身瘫痪，无法拿下眼镜，便表示可以替他把眼镜擦干。他从口袋里拿出手帕，小心翼翼地擦干了他的眼镜，接着帮他戴了回去，还用食指轻压眼镜以固定位置。“这样可以吗？”爷爷问。那位坐轮椅的男士回答：“很好，谢谢你。”

托马提斯医生后来回忆说：“我是个医生，身后还跟了个保安，但我们谁都没注意到那位男士全身瘫痪，需要帮助，也没有伸出援手。理查不但注意到了，还很快明白了这个人的困境，用体贴的方式帮助了有困难的人。”

我天生喜爱与人相处。**我知道，安利成功的关键在于看到人们最好的一面，视每一个人为独特的个体，并相信他们。**我同时相信，这是家庭、国家、社会和人生美满的关键！

最后，我送给大家我之所以成功的关键两句话——“做个丰盛人生者”和“你做得到”！

未来，属于终身学习者

我这辈子遇到的聪明人（来自各行各业的聪明人）没有不每天阅读的——没有，一个都没有。巴菲特读书之多，我读书之多，可能会让你感到吃惊。孩子们都笑话我。他们觉得我是一本长了两条腿的书。

——查理·芒格

互联网改变了信息连接的方式；指数型技术在迅速颠覆着现有的商业世界；人工智能已经开始抢占人类的工作岗位……

未来，到底需要什么样的人才？

改变命运唯一的策略是你要变成终身学习者。未来世界将不再需要单一的技能型人才，而是需要具备完善的知识结构、极强逻辑思考力和高感知力的复合型人才。优秀的人往往通过阅读建立足够强大的抽象思维能力，获得异于众人的思考和整合能力。未来，将属于终身学习者！而阅读必定和终身学习形影不离。

很多人读书，追求的是干货，寻求的是立刻行之有效的解决方案。其实这是一种留在舒适区的阅读方法。在这个充满不确定性的年代，答案不会简单地出现在书里，因为生活根本就没有标准确切的答案，你也不能期望过去的经验能解决未来的问题。

而真正的阅读，应该在书中与智者同行思考，借他们的视角看到世界的多元性，提出比答案更重要的好问题，在不确定的时代中领先起跑。

湛庐阅读App：与最聪明的人共同进化

有人常常把成本支出的焦点放在书价上，把读完一本书当作阅读的终结。其实不然。

时间是读者付出的最大阅读成本

怎么读是读者面临的最大阅读障碍

“读书破万卷”不仅仅在“万”，更重要的是在“破”！

现在，我们构建了全新的“湛庐阅读”App。它将成为你“破万卷”的新居所。在这里：

- 不用考虑读什么，你可以便捷找到纸书、电子书、有声书和各种声音产品；
- 你可以学会怎么读，你将发现集泛读、通读、精读于一体的阅读解决方案；
- 你会与作者、译者、专家、推荐人和阅读教练相遇，他们是优质思想的发源地；
- 你会与优秀的读者和终身学习者为伍，他们对阅读和学习有着持久的热情和源源不绝的内驱力。

从单一到复合，从知道到精通，从理解到创造，湛庐希望建立一个“与最聪明的人共同进化”的社区，成为人类先进思想交汇的聚集地，与你共同迎接未来。

与此同时，我们希望能够重新定义你的学习场景，让你随时随地收获有内容、有价值的思想，通过阅读实现终身学习。这是我们的使命和价值。

CHEERS

本书阅读资料包

给你便捷、高效、全面的阅读体验

本书参考资料

湛庐独家策划

- 参考文献
  为了环保、节约纸张，部分图书的注释与参考文献以电子版方式提供
- 主题书单
  编辑精心推荐的延伸阅读书单，助你开启主题式阅读
- 图片资料
  提供部分图片的高清彩色原版大图，方便保存和分享

相关阅读服务

终身学习者必备

- 电子书
  便捷、高效，方便检索，易于携带，随时更新
- 有声书
  保护视力，随时随地，有温度、有情感地听本书
- 精读班
  2~4周，最懂这本书的人带你读完、读懂、读透这本好书
- 课　程
  课程权威专家给你开书单，带你快速浏览一个领域的知识概貌
- 讲　书
  30分钟，大咖给你讲本书，让你挑书不费劲

湛庐编辑为你独家呈现
助你更好获得书里和书外的思想和智慧，请扫码查收！

（阅读资料包的内容因书而异，最终以湛庐阅读App页面为准）

图书在版编目（CIP）数据

丰盛人生：安利创始人理查·狄维士自传 /（美）狄维士著；萧美惠译. —杭州：浙江人民出版社，2014.12（2021.12重印）
ISBN 978-7-2130-6390-9

Ⅰ. ①丰… Ⅱ. ①狄… ②萧… Ⅲ. ①狄维士 – 自传 Ⅳ. ①K837.125.38

中国版本图书馆 CIP 数据核字（2014）第 251709 号

浙江省版权局
著作权合同登记章
图字:11-2014-234号

上架指导：人物传记 / 商业史

丰盛人生：安利创始人理查·狄维士自传
［美］理查·狄维士　著
萧美惠　译

出版发行： 浙江人民出版社（杭州体育场路347号　邮编　310006）
市场部电话：（0571）85061682　85176516
集团网址： 浙江出版联合集团　http://www.zjcb.com
责任编辑： 朱丽芳
责任校对： 朱晓阳
印　　刷： 石家庄继文印刷有限公司
开　　本： 710mm × 965 mm 1/16　　**印　　张：** 14
字　　数： 190千　　**插　　页：** 16
版　　次： 2014年12月第1版　　**印　　次：** 2021年12月第 5 次印刷
书　　号： ISBN 978-7-2130-6390-9
定　　价： 79.90元

如发现印装质量问题，影响阅读，请与市场部联系调换。